The Amazing Kitchen

Hét kookboek voor de airfryer

Anja Holtkamp & Simone van der Koelen

Eerste druk © 2016 *Anja Holtkamp & Simone van der Koelen*

ISBN: 978-94-022-3171-7

Uitgeverij Boekscout.nl Soest
www.boekscout.nl

www.theamazingkitchen.nl

Niets uit deze uitgave mag verveelvoudigd en/of openbaar gemaakt worden door middel van druk, fotokopie, microfilm, internet of op welke wijze dan ook, zonder schriftelijke toestemming van de auteurs en de uitgever.

Het idee voor dit boek ontstond nadat wij (moeder en dochter) in de ban raakten van de Airfryer. Op zoek naar makkelijke, bijzondere en lekkere recepten kwamen we tot de ontdekking dat er nog niet zo veel te vinden was op dit gebied.

In dit boek vind je lekkere recepten om te bakken in de airfryer.
Van ontbijt tot lunch tot diner en bij de borrel.

Wij zijn enthousiaste bloggers met als uitgangspunt lekker en gezond eten, koken zonder pakjes of zakjes, maar -ook niet onbelangrijk- vooral plezier beleven aan koken.

Simone heeft een opleiding als voedingsdeskundige en heeft van haar hobby (recepten bedenken/koken) haar werk kunnen maken.
Anja is degene met jarenlange kookervaring en is lichtelijk verslaafd aan bakken in alle vormen (zoet, hartig, brood).

We hebben met veel plezier aan dit boek gewerkt, alle recepten ook zelf gebakken en natuurlijk werden ze getest op smaak door een kritisch testpanel (familie en vrienden).

Mocht je vragen hebben, dan kun je die stellen op onze website:
www.theamazingkitchen.nl

Keep calm and airfryer on!

Inhoudsopgave

Voordat je begint / tips — 6

Ontbijt & Lunch

Granola	11
Gegrilde banaan	13
Gevulde broodjes	14
Scones	16
7 Tosti's	19
Shakshuka	20
Frittata met groene groenten	23
Roomkaastaartjes met vers fruit	25
Saucijzenbroodjes	26

Groente

Geroosterde bloemkool	31
Auberginefrieten	33
Geroosterde worteltjes	34
Klassieke tian	36
Klassieke witlof	39
Gevulde rode uien	40
Aardappelgratin	43
Aardappelpuree met kaas	45
Salade met paprika en bieten	46
Spiesjes met halloumi	48
Galette met spinazie en ricotta	51

Hoofd

Gevulde zoete aardappel	55
Falafel	57
Gevulde paprika's	58
Aubergine-köfte rolletjes	60
Oosterse biefstuk met boontjes	63
Zalm pakketjes	64
Kip tandoori	67
Saltimbocca met mozarella	69
Saté van kip	70
Mac 'n cheese	72
Tortillataart	75
Pie met kip en champignons	76

Bij de borrel

Gemarineerde champignons	81
Zoete aardappel friet	83
Loempia's met groentevulling	84
Gamba's in een filodeeg jasje	86
Fetakaas rolletjes	89
Foccacia	90
Borrelbrood	93
Empanadas	95
Tarte tatin met sjalotten	96

Zoete baksels

Donuts	101
Gevulde appelkoeken	103
Bladerdeeg gebakjes	104
Peer in bladerdeeg	106
Appel crumble	109
Chocolade-croissantbrood	110
Broodpudding	113
Vruchtenslof met aardbeien	115
Brownie 2.0	116

9 Praktische tips

Tip 1

Alle recepten hebben we getest in een airfryer. Er zijn verschillende merken te koop, die ook nog eens allemaal anders zijn wat inhoud betreft. Het kan zijn dat jouw airfryer afwijkt wat de maat betreft, daarom hebben we de recepten bewust klein gehouden en bakken we (bijvoorbeeld) 4 muffins in plaats van 8.

Tip 2

De baktemperaturen zullen voor elke airfryer gelijk zijn. Wel is het belangrijk de baktijden in de gaten te houden, hierin kunnen de airfryers van elkaar verschillen. Ga je aan de slag, kijk dan altijd tussentijds hoe het bakproces vordert. Dan bedoelen we niet dat je elke 2 minuten de lade moet opentrekken, maar kijk bijvoorbeeld 5 tot 10 minuten voor het einde van de baktijd even hoe het gaat. Misschien is je gerecht eerder gaar, maar het kan ook zomaar zijn dat het iets langer duurt.

Tip 3

Tenzij nadrukkelijk anders vermeld, zijn alle ingrediënten die je nodig hebt bij de recepten op kamertemperatuur. Met uitzondering natuurlijk van bijvoorbeeld slagroom, als deze ter garnering gebruikt wordt.

Tip 4

Naarmate je vaker in je airfryer bakt en kookt, zul je wat gemakkelijker een keuze maken voor een bepaalde (bak)vorm. De door ons gebruikte (bak)vormen zijn niet leidend, heb je een specifieke vorm niet in huis, probeer dan gerust eens iets anders.

Tip 5

Er zijn verschillende accessoires te koop, zoals rekjes, platen of bakjes. Wij hebben deze niet. Sommige gerechten bakken het mooist zonder een ovenschaal. Heeft jou airfryer een draadmandje, gebruik dan een vel aluminiumfolie dat je driedubbel vouwt. Vouw de hoeken eventueel naar binnen, zodat je ongeveer de vorm van het mandje hebt. Beleg de aluminiumfolie wel met een bakpapiertje als je er iets van gebak op bakt, zodat het niet vastplakt aan de aluminiumfolie.

Tip 6

Een lastig dingetje is het om die schaaltjes of bakvorm(pjes) na het bakken weer uit het mandje te halen (erg heet). Denk dan eens aan een tang, zoals de bekende uit de snackbar of een tang voor weckglazen, die is iets groter en soms best wel handig.

Tip 7

Het bakken van vlees zoals gehaktballen of kippenbouten met vel. Sommig vlees bevat van nature vet. Bakken in de airfryer betekent dat dit vet heet wordt en verdampt/verbrandt met witte rookwolken tot gevolg. Heb je bij je airfryer geen spatdeksel gekregen, denk dan eens aan een velletje aluminiumfolie (geen bakpapier!), een vlamverdeler van metalen gaas of de filters die je in een frituurmandje kunt leggen. Leg dit op je vlees en je hebt geen of nauwelijks last van witte rook.

Tip 8

En dan is er nog dat vervelende klusje: maak je airfryer na elk gebruik goed schoon! Zolang hij nog warm is, is dat nog wel te doen. Is al het vet afgekoeld dan wordt het echt een vervelende klus.

Tip 9

Ten slotte: bak en kook met plezier! Misschien lukt iets niet de eerste keer, maar geef dan vooral niet op. Ook bij ons lukten sommige recepten niet meteen. Er zijn recepten die het boek niet gehaald hebben omdat ze in de airfryer niet werkten. Het is vooral de ervaring die vaak voor succes zorgt, met een goed recept als basis.

Ontbijt & Lunch

Granola	11
Gegrilde banaan	13
Gevulde broodjes	14
Scones	16
7 Tosti's	19
Shakshuka	20
Frittata met groene groenten	23
Roomkaastaartjes met vers fruit	25
Saucijzenbroodjes	26

Granola

Super makkelijk om te maken in de airfryer, heerlijk met yoghurt/melk en vers fruit.

Hoeveelheid: 1 potje   **Totale tijd:** 10 min.

Basisrecept

- 40 g havermoutvlokken
- 4 el noten (bijv. pecannoten, amandelen en hazelnoten)
- 1 el kokosschaafsel
- 1 el honing

Variaties (kies één van onderstaande toevoegingen voor extra smaak)

- 100 g pure chocolade stukjes
- ½ el sinaasappelsiroop en gekonfijte sinaasappelschil
- 2 el gedroogd fruit zoals banaan, rozijnen, abrikoos in stukjes

Benodigheden

- ovenschaal of springvorm
- bakpapier

Verwarm de airfryer op 180 °C.
Gebruik een ovenschaal of bijvoorbeeld een springvorm met anti-aanbaklaag.

Hak de noten grof en meng met de havermout, kokos en de honing in de vorm. Voeg eventueel nog extra droge ingrediënten toe.

Wil je chocolade granola? Chocolade smelt natuurlijk, wil je dat liever niet voeg het dan na het bakken toe.

Zet in de airfryer en bak in 5-7 minuten tot de havervlokken goudgeel van kleur zijn.

Stort op een vel bakpapier en spreid goed uit. De granola wordt vanzelf knapperig tijdens het afkoelen.

Bewaar de granola, als deze helemaal is afgekoeld, in een goed afgesloten doos.

Tip

Gebruik de granola eens om chocolaatjes te maken! Neem je favoriete chocolade (van een goede kwaliteit) en hak in kleine stukjes. Smelt de helft van de chocolade au-bain-marie, haal de pan van het vuur, voeg vervolgens de rest toe en laat al roerend alle chocolade smelten.
Giet bergjes op een velletje bakpapier en strooi er de granola in. Laat buiten de koelkast stollen.

Gegrilde banaan

Een verrassende variatie: zoete gegrilde banaan met vers fruit, granola en yoghurt.

Hoeveelheid: 1 persoon **Totale tijd:** 5 min.

Ingrediënten

- *1 banaan*
- *1 tl suiker*

Ingrediënten garnering

- *4 el yoghurt*
- *granola*
- *seizoensfruit*

De banaan wordt in de schil gebakken, zo blijft hij in vorm en valt niet uit elkaar.

Snijd de banaan in de lengte doormidden.

Bestrooi de snijkanten met de suiker.

Leg de banaan in het mandje van de nog koude airfryer.
Stel de temperatuur in op 200 °C en bak 2 minuten.

Garneer naar wens, bijvoorbeeld met de granola van pagina 11.

 Tip
Fan van fruit in de ochtend? Kijk dan ook eens op www.theamazingkitchen.nl.
Daar staan overheerlijke gevulde appels op!

Gevulde broodjes

Lekkere hartige broodjes, heerlijk bij een uitgebreid ontbijt/brunch/lunch.

Hoeveelheid: 4 broodjes   **Totale tijd:** 2 uur

Ingrediënten brooddeeg

- 250 g witte patentbloem
- 125 g melk
- 5 g boter
- 3,5 g gedroogde gist
- 2 g zout

Ingrediënten vulling

- 4 zongedroogde tomaten, in reepjes
- 4 el geraspte kaas
- 1 tl gedroogde oregano

Benodigheden

- nieuwe aardewerken bloempotjes of metalen vormpjes

Begin met het deeg:
Weeg de bloem af een in mengkom. Voeg gist en zout toe. Smelt de boter en verwarm de melk tot lauwwarm (niet kokend heet, anders werkt de gist niet meer).
Kneed het deeg gedurende 10 minuten in een keukenmachine of met een mixer met deeghaken, of 15 minuten met de hand tot een soepel deeg. Het zal in het begin behoorlijk plakkerig zijn, maar voeg géén extra meel toe, na een tijdje wordt het vanzelf beter. Vet eventueel je handen en je werkblad in met een beetje zonnebloemolie.

Vet de mengkom in met een beetje olie. Vorm een bal van het deeg, leg in de kom en keer om zodat alle kanten met olie bedekt zijn. Dek de kom af met een stuk plasticfolie (een badmuts gaat ook heel goed). Laat het deeg op een tochtvrije plek gedurende ongeveer 1 uur rijzen of tot het in hoeveelheid verdubbeld is.

Was de nieuwe bloempotjes goed af. Gebruik geen oude potjes die je ergens in de schuur vindt.

Vet je werkblad weer in met een beetje olie. Haal het deeg uit de kom en duw het plat met je handen tot een vierkant. Vouw de vier hoeken naar het midden, draai een kwart slag en vouw nogmaals. Verdeel het deeg nu in vieren en vorm er losjes een bolletje van. Dek af met een stuk ingevet plasticfolie.
Vet de potjes in met boter. Je kunt eventueel ook nog een velletje bakpapier er in doen, dan gaan de broodjes iets gemakkelijker uit de vorm.

Rol een bolletje deeg uit, strooi er ¼ deel van de vulling over, rol op tot een rolletje. Vouw het rolletje dubbel met de naad naar binnen. Knijp de zijkanten dicht en vorm er een klein balletje van. Zet het bolletje met de naad naar beneden in het potje. Doe hetzelfde met de andere drie. Strooi een beetje bloem over de bovenkant van het deeg en dek af met een stuk plasticfolie en daarover een theedoek. Laat nog ½ uurtje rusten, zodat het deeg kan rijzen.

Verwarm de airfryer voor op 175 °C en bak de broodjes in 10 minuten gaar.

Afhankelijk van de grootte van je airfryer passen er meer of minder vormpjes in. Bak eventueel in twee keer. Let ook op dat de potjes niet te groot zijn, maar maak ook de deegballetjes niet te groot. Het deeg in de potjes van de foto kwam na het rijzen nét boven de rand uit.

Tip

Gebruik een springvorm en bak breekbroodjes. Maak kleine bolletjes die je op de bodem van een springvorm legt. De baktijd zal dan wel iets langer worden.

Scones

Het welbekende Engelse broodje bakken we ook in de airfyrer!

Hoeveelheid: 10-12 stuks   **Totale tijd:** 60 min.

Ingrediënten

- 525 g zelfrijzend bakmeel
- 1,5 tl bakpoeder
- 4 el basterdsuiker
- 1 tl vanille extract
- 260 ml melk
- 130 g ongezouten boter in blokjes
- snuf zout
- kneepje citroensap
- 1 ei, losgeklopt

Benodigheden

- bakpapier

Verwarm de melk tot lauwwarm, en voeg vanille en citroensap toe en zet apart. Het citroensap zorgt ervoor dat het bakpoeder beter rijst.

Zeef zelfrijzend bakmeel met zout en bakpoeder boven een grote kom. Voeg dan de boter toe en wrijf deze tussen je vingers klein tot de grootte van erwtjes. Meng de suiker erdoor.
Maak een kuiltje in het meel, voeg hieraan de melk toe en meng alles kort met een spatel. Het deeg wordt verder niet gekneed!

Bestrooi je werkblad met bloem. Leg het deeg er op. Bestuif de bovenkant en ook je handen met wat bloem.
Vouw het deeg 2 of 3 keer over elkaar, hierdoor wordt het iets steviger. Pak aan de rechterkant op en vouw naar links. Pak dan aan de linkerkant op en vouw naar rechts. Draai een kwart slag en herhaal nog een keer.
Druk het deeg dan met je handen plat tot een dikte van 3-4 cm.

Verwarm de airfryer op 180 °C.

Steek met een deegsteker of een glas met een gladde rand rondjes van ongeveer 4-5 cm uit het deeg. Dip de deegsteker eerst in een beetje bloem tegen het plakken. Let op dat je in één keer steekt, want dan rijst de scone beter, dus niet draaien of heen en weer bewegen.

Leg er 3 of 4 (afhankelijk van de grootte van je airfryer) op een velletje bakpapier en bestrijk met het losgeklopte ei, bewaar de rest onder plastic.

Bak de scones ongeveer 10-15 minuten tot ze gerezen zijn en goudbruin.
Laat op een rooster afkoelen. Bak dan de volgende portie.

Tip
Serveer de scones met jam en clotted cream. Heb je dat laatste niet dan kun je ook half stijf geslagen slagroom -zonder suiker!- gebruiken of meng 100 g mascarpone met 100 g slagroom.

7 Tosti's

Kies voor de tosti die jij het lekkerste vindt.

Hoeveelheid: 1 tosti　　　　**Totale tijd:** 10 min.

Basisrecept

- 2 sneetjes casinobrood
- 1 plak jong belegen kaas
- 1 plak gekookte ham
- tomatenketchup bij het serveren

Italiaanse tosti

- Mozzarella, in stukjes
- Zongedroogde tomaat
- Pesto, naar smaak

Spaanse tosti

- Chorizo, in plakjes
- Ui, in halve dunne ringen
- Kruidenkaas, in plakjes of geraspt

Franse tosti

- Brie, in plakjes
- 2 plakjes peer, dun gesneden
- Aardbeienjam

Zweedse tosti

- Gerookte zalm, in snippers
- Mosterd-dille saus, naar smaak
- 1 dun plakje zure appel

Griekse tosti

- Feta, verbrokkeld
- Tomaat, pitjes verwijderd en in plakjes
- Zwarte olijven, in stukjes
- Lente-uitje, in dunne ringen

Onze favoriete tosti

- Geitenkaas, verbrokkeld
- Rucola, fijn gesneden
- Honing, naar smaak

We geven hier geen exacte hoeveelheden. Gebruik zo veel als je lekker vindt.

Vloeibare sausjes smeer je beter dun op een of beide sneetjes brood, dan loopt het er niet zo snel uit.

Wil je de tosti uit de hand eten, zorg er dan voor dat je het beleg in stukjes of reepjes snijdt.
Ook de rucola.

Verwarm de airfryer voor op ca. 195 °C en bak de tosti in ca. 4 minuten tot de kaas gesmolten is en het brood een mooie bruine kleur heeft.

Shakshuka

Een overheelijk gerecht met een Oosters tintje.

Hoeveelheid: 1 persoon   **Totale tijd:** 40 min.

Ingrediënten

- ½ el olijfolie
- ½ ui
- ½ rode paprika
- ½ oranje paprika
- ½ el harissa of ½ tl harissakruiden
- ½ teentje knoflook
- 2 takjes tijm
- ½ bosje peterselie
- snufje komijnpoeder
- ½ blik tomatenblokjes
- zout en peper
- snufje cayennepeper
- 1 ei

Benodigheden

- ovenschaal

Snipper de ui en zet apart.
Maak de paprika's schoon, verwijder zaadlijsten en pitten, en snijd in smalle repen. De dikte hiervan bepaalt hoe beetgaar de paprika aan het einde van de kooktijd is.
Hak de knoflook fijn, ris de tijmblaadjes van de takjes, hak de peterselie met steeltjes fijn en zet apart.

Verwarm de airfryer op 180 °C.

Giet de olie in een ovenschaal, voeg de ui toe en zet de schaal in de airfryer. Rooster de ui ca. 5 minuten of tot hij begint te kleuren. Voeg dan de paprika en de knoflook toe en bak 5 minuten.

Verlaag de temperatuur van de airfryer naar 150 °C.

Dan tomaten, harissa, tijm, peterselie (bewaar een beetje voor de garnering) en komijnpoeder toevoegen en 5-10 minuten in de airfryer laten sudderen. Voeg indien nodig wat extra water toe, de saus mag niet te droog worden.

Proef op smaak en voeg evt. nog een beetje zout en peper toe. Wil je het iets pittiger, voeg dan een snufje cayennepeper toe.

Maak nu met een sauslepel een kuiltje in de saus en breek hierin voorzichtig het ei.

Dek de schaal af met een stuk aluminiumfolie en bak in ca. 5-10 minuten tot het ei zachtgekookt is.

Bestrooi met peterselie en dien meteen op.
Lekker met brood erbij.

Frittata met groene groenten

Een ideaal gerecht voor restjes groenten.

Hoeveelheid: 2 personen   **Totale tijd:** 40 min.

Ingrediënten

- 1 courgette
- 200 g diepvries erwten
- 5 eieren
- 1 ui
- 1 teentje knoflook
- 2 el pesto
- zout en peper
- olijfolie
- basilicum voor de garnering

Benodigheden

- ovenschaal

Laat de doperwten ontdooien.
Rasp de courgette grof, snipper de ui en snijd de knoflook fijn.

Verwarm een scheutje olijfolie in een koekenpan en bak de ui en knoflook in ca. 5 minuten glazig.

Meng courgetterasp en de doperwten met het uienmengsel in een grote kom.

Klop de eieren los met de pesto, voeg toe aan de groenten en schep goed om. Breng op smaak met peper en zout.

Vet een ovenschaal in met een beetje olijfolie en giet het eimengsel er in. Verdeel er enkele basilicumblaadjes over.

Verwarm de airfryer voor op 180 °C.
Bak ongeveer 30 minuten of tot het ei gestold en gaar is.

Roomkaastaartjes met fruit

De romige geitenkaas combineert perfect met fruit.

Hoeveelheid: 4 stuks　　**Totale tijd:** 20 min.

Ingrediënten

- 4 plakjes deeg voor hartige taart (bladerdeeg kan ook)
- 100 g verse geitenkaas
- 125 g zure room
- rijpe perziken, bosbessen, of ander fruit naar keuze
- ½ - 1 el honing
- 4 basilicumblaadjes of munt

Benodigheden

- 4 vlaaivormpjes
- bakpapier
- steunvulling (gedroogde bonen of keramische knikkers)

Laat het deeg ontdooien.
Vet vier vlaaivormpjes in en bekleed elk met een plakje deeg. Prik er met een vork wat gaatjes in. Leg op elk bodempje een velletje bakpapier, met daarop een handvol van de steunvulling.

Verwarm de airfryer voor op 200 °C.
Bak het deeg 5 minuten.

Haal de vormpjes uit de airfryer en laat iets afkoelen. Verwijder dan de steunvulling en het bakpapier.

Roer de geitenkaas los met de zure room en verdeel dit over het deeg.

Perziken, pruimen en ander steenfruit kun je mee bakken. Zacht fruit als bessen, aardbeien voeg je beter na het bakken toe.
Snijd het fruit in partjes en leg op de vulling. Schenk er een beetje honing over, ongeveer 1 theelepel per taartje.

Verwarm de airfryer weer op 200 °C en bak de taartjes in ongeveer 10 minuten gaar.

De taartjes zijn het lekkerst als ze nog een beetje lauwwarm zijn. Bestrooi voor het serveren eventueel met een beetje poedersuiker.

Tip

Door de bodempjes voor te bakken met een steunvulling, wordt het deeg beter gaar en bolt het niet op. Gebruik voor een steunvulling gedroogde erwten of bonen. Als je ze na gebruik goed laat afkoelen en opbergt in een gesloten pot, kun je ze vaker gebruiken.
Je kunt in kookwinkels ook speciale, voor dit doel gemaakte, keramische knikkers kopen.

Mini saucijzenbroodjes

Met een Italiaans tintje door de kruiden.

Hoeveelheid: 10 stuks   **Totale tijd:** 40 min.

Ingrediënten

- *5 plakjes bladerdeeg*
- *125 g rundergehakt*
- *1 ei, losgeklopt*
- *1 el paneermeel*
- *½ tl tijm*
- *1 tl rozemarijn*
- *zout en peper*

Benodigheden

- *bakpapier*

Laat het bladerdeeg in de koelkast ontdooien terwijl je de vulling maakt.

Meng in een diep bord met een vork het gehakt, een kwart van het losgeklopt ei, het paneermeel, de kruiden en een flinke snuf zout en peper.
Meng tot een vaste massa die je goed kunt vormen.
Druk plat in het bord en verdeel in 10 porties (snijd er eenvoudig taartpuntjes van met je vork of mes).

Leg twee velletjes bakpapier passend in je airfryer op je werkblad.

Haal het bladerdeeg uit de koelkast en deel elk plakje in tweeën. Kwast in met het losgeklopte ei.

Vorm worstjes van het gehakt en leg deze in het midden van de plakjes bladerdeeg. Vouw het bladerdeeg dicht en duw de rand aan met een vork. Leg op elk vel bakpapier 5 saucijzenbroodjes.
Bestrijk de bovenkant met losgeklopt ei.

Verwarm de aifryer voor op 180 °C.

Bak de broodjes in twee porties in 15-20 minuten gaar.

De gaartijd is afhankelijk van de grootte van je saucijzenbroodjes. Omdat je rauw vlees gebruikt zal dit langer zijn dan bij kant-en-klaar gekochte saucijzen.

Tip
Test of je gehakt goed op smaak is!
Bak een klein plukje in een koekenpan,
op die manier kun je nog extra
kruiden of zout toevoegen.

Groente

Geroosterde bloemkool	31
Auberginefrieten	33
Geroosterde worteltjes	34
Klassieke tian	36
Klassieke witlof	39
Gevulde rode uien	40
Aardappelgratin	43
Aardappelpuree met kaas	45
Salade met paprika en bieten	46
Spiesjes met halloumi	48
Galette met spinazie en ricotta	51

Tip
Ook lekker met paprikapoeder of andere specerijen.

Geroosterde bloemkool

Geroosterde bloemkool is lekker knapperig.

Hoeveelheid: 2-3 personen   **Totale tijd:** 15 min.

Ingrediënten

- 1 bloemkool
- 2 el olijfolie
- 2 tl kerriepoeder
- 1 tl knoflookpoeder

Maak de bloemkool schoon en verdeel in roosjes.

Kook de bloemkoolroosjes in 5 minuten beetgaar. Giet af in een zeef en laat ze heel goed uitlekken.

Verwarm de aifryer op 175 °C.

Meng de bloemkoolroosjes in een kom goed met de olie en kruiden.

Bak in twee porties in het mandje van je airfryer, gedurende 5 minuten.

Tip

Voor een extra knapperige bite (zeg maar rauwkost), kook je de bloemkoolroosjes niet voor maar bak je deze enkel in de airfryer met de kruiden. Geef er dan een frisse, kruidige dipsaus bij.

Auberginefrieten

Auberginefrieten zijn heerlijk als bijgerecht of snack.

Hoeveelheid: 1 portie **Totale tijd:** 12 min.

Ingrediënten

- 1 aubergine
- 1 teentje knoflook
- snufje grof zout
- 1 el olijfolie
- ½ el tomatenpuree
- ½ tl pimentkorrels of roze peperkorrels

Ingrediënten yoghurtsaus

- 50 g (Griekse) yoghurt
- 1 el citroensap
- snufje zout
- fijngehakte peterselie voor de garnering

Benodigheden

- vijzel

Kneus de peperkorrels in een vijzel* of met de platte kant van een mes. Je kunt de peperkorrels ook vervangen door wat cayennepeper.
Stamp de knoflook met het zout in de vijzel tot een gladde pasta en meng er dan de olie, tomatenpuree en peper door.

Snijd de aubergine in de lengte in 2 cm dikke plakken en deze in repen van 2 cm breed. Het sponzige middenstuk wordt niet gebruikt.

Bestrijk de frites met de marinade.

Verwarm de airfryer op 180 °C en bak de frieten in 5 – 10 minuten tot ze nét gaar zijn. Draai ze halverwege de baktijd om.
Wil je ze een beetje knapperig bak ze dan in 2 porties.

Meng de ingrediënten voor de yoghurtsaus en serveer de saus bij de aubergines.

* Heb je geen vijzel, pers de knoflook dan eerst en plet met het lemmet (platte kant) van een mes tot pasta. Vervang het grof zout dan door gewoon zout.

Geroosterde worteltjes

Door de ras el hanout zijn deze worteltjes extra lekker.

Hoeveelheid: 1-2 personen   **Totale tijd:** 30 min.

Ingrediënten

- een halve bos bospeen
- 1 el olijfolie
- ½ el ras el hanout (specerijenmix)
- 1 el honing
- 1 el gedroogde oregano
- zout

Schil de worteltjes met een dunschiller en laat een stukje van het groen er aan zitten. Dunne exemplaren kun je heel laten, dikkere kun je het beste in de lengte halveren of zelfs in vieren snijden anders worden ze niet gaar.

Rooster de ras el hanout even in een droge koekenpan tot de geuren vrij komen.

Meng de helft ervan met de honing en olijfolie en proef even of je het niet te pittig vindt.
Voeg eventueel nog de rest toe en meng het kruidenmengsel goed met de worteltjes.

Verwarm de airfryer op 180 °C.

Leg de worteltjes op een vel aluminiumfolie in het mandje.

Bak gedurende ongeveer 15 minuten of tot de worteltjes beetgaar zijn. Schep halverwege een keer om.

Zet de temperatuur naar 200 °C en bak nog ca. 5 minuten zodat ze een mooi kleurtje krijgen.

Tip
Vervang de ras el hanout ook eens door tijm. Gebruik dan het liefst verse tijmblaadjes.

Klassieke tian

Nee, geen ratatouille, ook al wordt dit gerecht vaak zo genoemd.

Hoeveelheid: 2 personen   **Totale tijd:** 30 min.

Ingrediënten

- 1 aubergine
- 1 courgette
- 2-3 tomaten
- 1 teentje knoflook
- enkele takjes verse tijm of oregano
- olijfolie
- zout en peper

Benodigheden

- ovenschaal

Belangrijk is dat de doorsnede van alle groenten gelijk is, dan pas krijg je een mooie schotel.

Snijd alle groenten in ronde plakken van ca. 2 mm dik (dit gaat gemakkelijk en snel met een mandoline), de tomaten mogen iets dikker op 3 mm.

Vet een ronde ovenschaal in met olijfolie.

Vul de schaal met de groenten, zet afwisselend een plakje aubergine, courgette, tomaat rechtop.
Begin langs de rand en vul tenslotte het midden op. Het is makkelijker om stapeltjes van de groenten te maken en die dan vervolgens in de ovenschaal te zetten. Dan vallen ze niet steeds om.

Snijd de knoflook in dunne plakjes en steek deze -verdeeld over de schotel- tussen de groenten.
Bestrooi met de tijm of oregano, peper en zout en schenk er een sliertje olijfolie over.

Zet in het mandje van de airfryer, verwarm tot 180 °C en bak de schotel ca. 15 minuten tot de groenten gaar zijn.
Laat nog even in de airfryer rusten.

Tip
Je kunt de witlof ook voorgaren in de airfryer op 180 °C gedurende 5 minuten.

Klassieke witlof

De welbekende witlof met ham en kaas bak je gewoon in de airfryer!

Hoeveelheid: 2 personen **Totale tijd:** 15 min.

Ingrediënten

- 4 niet te dikke stronken witlof (passend in het mandje)
- 4 plakken gekookte ham
- 4 plakken jong-belegen kaas
- 4 takjes tijm, alleen de blaadjes
- zout

Benodigheden

- bakpapier

Spoel de witlof schoon en verwijder een stukje van de stronk. Hol de stronk voorzichtig uit om het bittere gedeelte te verwijderen.

Kook de stronken witlof in een bodempje water met zout beetgaar in ongeveer 5 minuten. Laat in een vergiet goed uitlekken, gekookte witlof verliest nog veel vocht.

Verwarm de airfryer op 180 °C.

Leg een stuk bakpapier op de bodem van het mandje.

Leg de witlof er op en leg op elke stronk een plak ham, wat van de tijmblaadjes en een plak kaas.

Schuif het mandje in de airfryer en bak ca. 10 minuten tot de kaas gesmolten is.

Gevulde rode uien

Dit is zo'n bijgerecht dat eigenlijk overal wel lekker bij is.

Hoeveelheid: 4 personen **Totale tijd:** 35 min.

Ingrediënten

- *4 dikke rode uien*
- *2-3 sneetjes witbrood*
- *3-4 el verse kruiden: peterselie, tijm, oregano, bieslook*
- *1 stukje feta of andere kaas naar keuze*
- *1 el zachte roomboter*
- *1 teentje knoflook*
- *1 el pijnboompitten*

Benodigheden

- *meloenbolletjes lepel*
- *ovenschaal*

Snijd van de uien het kapje aan de bovenkant en de wortelaanzet aan de onderkant weg, bewaar de kapjes. Haal de droge buitenste schil weg.

Hol met de meloenbolletjes lepel de uien uit. Heb je zo'n lepeltje niet snijd de twee buitenste lagen (rokken) door en haal ze voorzichtig tegelijk los zonder dat ze breken.

Het binnenste van de uien wordt niet gebruikt. Bewaar dit voor bijvoorbeeld soep of een pastasaus.

Vet een ovenschaal in en zet de uitgeholde uien in de ovenschaal.

Rooster de pijnboompitten in een droge koekenpan tot ze beginnen te geuren.

Verkruimel het brood (dit kan ook in het messenbakje van de staafmixer), maar maak het niet te fijn.

Meng de ingrediënten voor de vulling: pers de knoflook, verkruimel of rasp de kaas en hak de kruiden fijn. Meng met de pijnboompitten door het broodkruim. Breng op smaak met peper en zout.

Vul de uitgeholde uien met het mengsel en druk dit goed aan. Zet op elke ui een dekseltje.

Verwarm de airfryer voor op 170 °C en bak gedurende ca. 20 minuten. Haal de dekseltjes van de uien.

Verhoog dan de temperatuur tot 190 °C en bak nog ongeveer 5 minuten tot de uien gaar en de bovenkant knapperig is.

Aardappelgratin

Romige aardappelen, daar houdt iedereen van toch?

Hoeveelheid: 2 personen   **Totale tijd:** 30 min.

Ingrediënten

- *300 g voorgekookte aardappelschijfjes*
- *snuf vers geraspte nootmuskaat*
- *1 teentje knoflook*
- *100 ml slagroom*
- *2 takjes tijm*
- *flinke hand geraspte kaas*

Benodigheden

- *ovenschaal*

Vet de ovenschaal lichtjes in met wat olie of boter.

Verdeel de aardappelschijfjes in de ovenschaal.

Verhit de slagroom in een pannetje op laag vuur, maar laat niet koken. Ris de tijmblaadjes van de takjes, pers de knoflook uit en voeg dit met peper en zout en nootmuskaat toe.
Draai het vuur laag en laat de smaken even trekken (5 minuten).

Verwarm de airfryer op 200 °C.

Giet het warme roommengsel over de aardappelen en strooi er een flinke hand geraspte kaas over.
Kies voor belegen kaas, eventueel gemengd met Parmezaanse kaas.

Zet de schaal in de airfryer en bak de aardappelgratin in 15-30 minuten tot het borrelt en de kaas gesmolten en goudbruin van kleur is.

Gaat het te hard, verlaag dan de temperatuur naar 180 °C en leg er eventueel een velletje aluminiumfolie over.

Laat in de geopende airfryer even afkoelen tot je de schaal kunt vastpakken.

 Tip

Heb je geen voorgekookte aardappelschijfjes? Schil dan vastkokende aardappelen, snijd in dunne plakjes en zet alle ingrediënten in een hapjespan met anti-aanbaklaag op matig vuur. Voeg hierbij 100 ml kokend water en 1 eetlepel olijfolie. Hussel alles goed om en laat - met deksel- zachtjes gaar pruttelen. Doe over in de ovenschaal, bedek met de geraspte kaas en bak af in de airfryer.

Tip
Gebruik een pureepers voor het maken van super-luchtige aardappelpuree.

Aardappelpuree met kaas

Dit gerecht is ook erg fijn als je een restje aardappelpuree over hebt.

Hoeveelheid: 2 personen   **Totale tijd:** 55 min.

Ingrediënten

- 2 grote aardappels (of een restje aardappelpuree)
- 2 eetlepels Parmezaanse kaas
- 1 eetlepel jong belegen kaas
- melk *
- boter
- 3-4 el broodkruim (of paneermeel)

Benodigheden

- 2 ovenschaaltjes

Kook de aardappelen gaar, giet af in een vergiet en laat uitwasemen.

Verwarm in de pan een scheutje melk.

Pureer de aardappelen boven de pan met een pureepers voor extra luchtige puree of gebruik een stamper en voeg daarna een klontje koude boter toe.

Roer tot een zachte smeuïge puree. Is hij nog te droog, voeg dan nog een scheutje melk toe. Laat afkoelen tot kamertemperatuur.

Meng er de geraspte kaas door en breng op smaak met zout en peper.

Vet de ovenschaaltjes in met gesmolten boter (olijfolie kan ook) en bestrooi met het broodkruim.

Schep de puree in de ovenschaaltjes en maak er met een vork een ruitmotiefje in. Je kunt ook een spuitzak gebruiken voor een mooi resultaat.

Bestrooi de bovenkant met paneermeel en leg op ieder schaaltje een klontje boter.

Verwarm de airfryer voor op 160 °C en bak de taartjes in ongeveer 20-30 minuten goudbruin en gaar.

* Wil je geen melk gebruiken, dan kun je ook het kookwater van de aardappelen opvangen en dit gebruiken. Boter kun je eventueel ook vervangen door olijfolie.

Salade met paprika en bieten

Deze salade is naast dat hij erg lekker is ook nog eens gezond.

Hoeveelheid: 3 personen   **Totale tijd:** 45 min.

Ingrediënten

- 2 rode puntpaprika's
- 450 g rode bieten (gegaard)
- 4 el pijnboompitten (zonnebloem of pompoenpitten kunnen ook)
- 6 kleine trostomaatjes
- 75 g rucola
- 1 bol buffelmozzarella
- 3 lente-uitjes
- 1 el olijfolie
- peper en zout

Ingrediënten dressing

- 3 el appelcider of sherryazijn
- 3 el goede olijfolie
- 1 teentje knoflook
- 2 el basilicumblaadjes
- 2 el peterselieblaadjes
- peper en zout

Benodigheden

- aluminiumfolie

Hak de knoflook en de kruiden voor de dressing fijn en meng met de azijn en olijfolie. Breng op smaak met peper en zout. Zet apart.

Verwarm de airfryer op 180 °C.

Halveer de paprika's in de lengte, verwijder de pitten en zaadlijsten, kwast rondom in met olijfolie en bestrooi met peper en zout.

Leg de paprikahelften in het mandje en rooster gedurende ca. 8 minuten tot ze iets zacht zijn.

Haal uit het mandje, leg op een groot bord, sprenkel er 1½ eetlepel van de dressing over en laat 30 minuten marineren.

Snijd de bieten in kwarten (grote in 8 stukken), kwast ze in met olijfolie en bestrooi met zout.
Leg op de bodem van het mandje een velletje aluminiumfolie en leg hierop de bieten.

Verwarm de airfryer weer op 180 °C en rooster de bieten 10 minuten.

Haal uit het mandje, leg ze op een bord en besprenkel met 1½ eetlepel dressing. Laat langzaam afkoelen tot lauwwarm.

Rooster de pitten in een droge koekenpan tot ze beginnen te kleuren en laat op een bord afkoelen.

Snijd de lente-ui in schuine stukken, de tomaatjes in vieren.
Leg in een schaal en meng er de rucola en de resterende dressing door.

Snijd elke paprikahelft schuin in 3 stukken en verdeel met de bieten voorzichtig over de salade.

Garneer met de pijnboompitten en in stukjes geplukte mozzarella.

Spiesjes met halloumi

Een super makkelijk gerechtje voor een zomerse maaltijd.

Hoeveelheid: 4 personen   **Totale tijd:** 5 min.

Ingrediënten

- *200 g halloumi*
- *1 courgette*
- *bakje cherry tomaatjes*
- *beetje olijfolie*
- *zout en peper*

Benodigheden

- *houten of metalen spiesjes*

Als je met houten spiesjes werkt, begin dan met deze in een bakje met water te leggen. Zo kunnen ze even inweken en branden ze straks niet aan.

Snijd de courgette in halve maantjes van 1,5 cm dik.

Snijd de halloumi in 8 stukken.

Prik vervolgens de groenten en kaas aan de prikkers:
cherry tomaatje, courgette, halloumi, cherry tomaatje, courgette, halloumi, cherry tomaatje en courgette.

Verwarm de airfryer voor op 180 °C.
Leg de spiesjes in de airfyrer en bak ze 8-12 minuten goudbruin en gaar.

Variatietip

Meng stukjes zalm of garnalen door het spinaziemengsel. Of vervang de marjolein door verse muntblaadjes of basilicum en strooi over de galette na het bakken. Het is ook leuk om eenpersoons mini-galettes maken. Dan kun je vlaaivormpjes gebruiken als maat.

Galette met spinazie en ricotta

Verras jezelf en anderen door alles zelf te maken!

Hoeveelheid: 1-2 personen   **Totale tijd:** 75 min.

Ingrediënten deeg

- 150 g patentbloem
- 75 g koude ongezouten roomboter, in blokjes
- 35 ml (of 2½ el) koud water
- ½ el geraspte Parmezaanse kaas
- peper en zout

Ingrediënten vulling

- 450 g verse spinazie
- 1 kleine ui
- 1 teentje knoflook
- scheutje olijfolie
- 1 bakje ricotta kaas
- 1 ei
- 1 el verse marjolein (de blaadjes) of 1 tl gedroogde oregano
- 1 handvol geraspte Parmezaanse kaas

Benodigheden

- plasticfolie
- deegroller
- bakpapier

Meng voor het deeg bloem, Parmezaanse kaas, een snuf peper en zout. Voeg de boter in blokjes toe en kneed (evt. in een keukenmachine) snel tot een kruimelig deeg.
Voeg dan het koude water toe en kneed tot een samenhangend en soepel deeg. Verpak het deeg in plasticfolie en leg het een half uur in de koelkast.

Maak de spinazie schoon.

Snipper de ui en smoor deze in een scheut olijfolie met het teentje knoflook uit de pers in ca. 5 minuten op laag vuur gaar en glazig.

Voeg dan beetje bij beetje de spinazie toe en laat deze al omscheppend slinken. Laat alles goed warm worden, giet dan af in een zeef en laat uitlekken. Druk het laatste vocht er uit met een soeplepel.

Klop in een kom het ei los en meng dit met de ricotta, kruiden en de Parmezaanse kaas. Voeg de spinazie toe, schep goed om en breng op smaak met peper en zout.

Haal het deeg uit de koelkast. Bestrooi je werkblad met bloem en rol het deeg uit tot een cirkel die 2-3 cm groter is dan de maat van je airfryer mandje.

Vet een vel bakpapier in met olie en leg het deeg er op. Knip het bakpapier bij.

Schep het spinaziemengsel in het midden en zorg dat je een brede rand van ongeveer 3 tot 4 cm vrij laat. Vouw deze rand om naar het midden. Het hoeft niet al te netjes. Leg er wat plooien in zodat het strak om de vulling komt te liggen.
Kwast de deegrand in met losgeklopt ei of met een beetje melk.

Verwarm de airfryer op 180 °C.

Pak de galette op aan het bakpapier, leg in het mandje en bak in ongeveer 20-35 minuten goudbruin en gaar.

Tip

Je kunt ook kant en klaar deeg voor hartige taart gebruiken. Bestrooi dit dan na het uitrollen met de Parmezaanse kaas.

Hoofd

Gevulde zoete aardappel	55
Falafel	57
Gevulde paprika's	58
Aubergine-köfte rolletjes	60
Oosterse biefstuk met boontjes	63
Zalm pakketjes	64
Kip tandoori	67
Saltimbocca met mozzarella	69
Saté van kip	70
Mac 'n cheese	72
Tortillataart	75
Pie met kip en champignons	76

Tip

Maak dit gerechtje ook eens met een andere vulling. Zoete aardappel combineert heerlijk met verschillende soorten groenten en vlees.

Gevulde zoete aardappel

Een makkelijk gerechtje dat er overheerlijk uit ziet én smaakt.

Hoeveelheid: 2 personen   **Totale tijd:** 40-45 min.

Ingrediënten

- 1 zoete aardappel
- ½ blik kikkererwten
- 2 el kiemen

Ingrediënten yoghurtsausje

- 4 el yoghurt
- 1 el olijfolie
- 1 tl oregano
- peper en zout

Benodigheden

- aluminiumfolie

Borstel de zoete aardappel goed schoon onder stromend water.

Verpak in een dubbel vel aluminiumfolie en bak gedurende 25-35 minuten op 180 °C (een beetje afhankelijk van de grootte).

Maak terwijl je wacht het yoghurtsausje door alle ingrediënten goed met elkaar te mengen. Zet apart.

Spoel de kikkererwten af en laat ze goed uitlekken. Breng op smaak met een beetje peper en zout.

Haal de aardappel uit de folie en laat even afkoelen tot je ze kunt vasthouden.

Halveer de aardappel dan overlangs en breng op smaak met peper en zout.

Schep er de kikkererwten in en garneer met de kiemen en yoghurtsaus.

Serveer terwijl de aardappelen nog lauwwarm zijn.

Tip
Je kunt ook kikkererwten uit blik gebruiken (neem dan een blik met uitlekgewicht van ongeveer 250 gram). Het resultaat is iets anders, de falafel zal iets minder stevig zijn en misschien heb je meer bloem nodig. Ben dan ook voorzichtig met zout, erwten uit blik bevatten vaak al veel zout.

Falafel

Deze kleine kikkererwten schijfjes zitten boordevol smaak.

Hoeveelheid: 2 personen **Totale tijd:** 30-40 min.

Ingrediënten

- 125 g droge kikkererwten
- ½ rode ui
- 1 teentje knoflook
- 1 el olijfolie
- 1 tl korianderpoeder
- 1 tl gemalen komijn
- ½ tl paprikapoeder
- 5 stengels peterselie
- sap van ½ citroen
- ½ losgeklopt ei
- ½-1 el bloem
- zout en peper
- olie om in te bakken

Ingrediënten yoghurtdip

- ca. 250 ml Griekse yoghurt
- 1 klein teentje knoflook
- een handvol gemengde kruiden: bieslook, peterselie, munt
- versgemalen peper

Benodigheden

- bakmatje of aluminiumfolie en bakpapier

Was de kikkererwten (1 minuutje onder de koude kraan) en verwijder verkleurde en gerimpelde exemplaren. Week in een ruime hoeveelheid koud water gedurende een nacht (minimaal 24 uur). De erwten zullen 2 tot 3 keer in volume toenemen.
Giet af in een vergiet, spoel nog eens en laat dan goed uitlekken.

Snipper ui en knoflook en fruit dit in een scheutje olijfolie.
Voeg de specerijen toe en laat even meebakken tot het begint te geuren. Strooi er ruim zout (gebruik je kikkererwten uit blik ben dan iets zuiniger met zout) en peper bij.

Maal de kikkererwten in een keukenmachine (of gebruik het messenbakje van de staafmixer).

Hak de peterselie met de steeltjes fijn.

Voeg het uienmengsel, de helft van het citroensap, bloem, peterselie en het losgeroerde ei toe en meng goed.
Is het mengsel nog te vochtig om er balletjes van te draaien, voeg dan nog een eetlepel bloem toe.
Proef het mengsel en voeg indien nodig nog extra zout en peper en de rest van het citroensap toe, zodat de falafel goed op smaak is.

Draai er nu balletjes van ter grootte van een golfbal en druk deze een beetje plat. Houdt rekening met de maat van je airfryer zodat je er meer tegelijk kunt bakken.
Zet in de koelkast en laat ½ uur opstijven.

Meng de ingrediënten voor de yoghurt-dip en zet apart.

Verwarm de airfryer op 200 °C.

Heeft je airfryer een mandje, leg op de bodem dan een bakmatje of een driedubbel gevouwen vel aluminiumfolie met een velletje bakpapier.
Kwast de balletjes in met een beetje olijfolie of zonnebloemolie. Verdeel in het mandje en geef ze een beetje de ruimte.

Bak in porties ongeveer 10 minuten of tot ze goudbruin zijn en keer ze halverwege.

Serveer met de yoghurt-dip en een hamburgerbroodje, Turks brood of pitabroodjes en sla.

Gevulde paprika's

Maak er een salade bij en je hebt een overheerlijke en gezonde maaltijd.

Hoeveelheid: 3-4 personen   **Totale tijd:** 30 min.

Ingrediënten

- 3 of 4 rode paprika's
- 200 g gekookte rijst of couscous
- ½ kopje diepvrieserwten
- 1 vleestomaat
- 150 g champignons
- ½ el olijfolie
- peper en zout
- 1 el verse peterselie
- ½ el verse tijm + extra voor de garnering
- 3 of 4 plakjes verse kaas (bijv. geitenkaas)

Benodigheden

- ovenschaal

Was de paprika's en droog ze goed.
Kwast ze rondom in met olijfolie en zet ze in de nog koude airfryer.

Stel de temperatuur in op 200 °C en rooster de paprika's 5 minuten tot ze beginnen te kleuren en iets zacht worden maar nog wel stevig zijn.

Laat de erwten ontdooien.
Hak de kruiden fijn, snijd de tomaat in blokjes en de champignons in plakjes.

Bak de champignons even in een scheutje olijfolie.
Laat het vocht dat vrijkomt verdampen, voeg de rijst, erwten, peterselie en tomaat toe.
Breng op smaak met peper en zout en meng er ½ eetlepel gehakte tijm door.

Haal de paprika's uit het mandje en laat even afkoelen zodat je ze kunt vasthouden.

Snijd het kapje los met een scherp mes en trek voorzichtig er af. Snijd de pitjes en zaadlijsten weg, maar probeer het kapje heel te houden. Verwijder ook de zaadlijsten uit de paprika.

Zet de paprika's in de ovenschaal verdeel er de vulling over.

Leg op elke paprika een stukje kaas. Leg de kapjes er los naast.

Verwarm de airfryer tot 200 °C en bak de paprika's ongeveer 5-10 minuten zodat de vulling goed warm wordt en de kaas bruin kleurt of smelt (afhankelijk van het soort kaas dat je gebruikt).

Aubergine-köfte rolletjes

Een gerechtje uit de Turkse keuken.

Hoeveelheid: 2 personen **Totale tijd:** 20 min.

Ingrediënten

- 250 g rundergehakt
- ½ ui, geraspt
- 2 el verse peterselie, fijngehakt
- 1 el köfte kruiden
- ½ blik tomaten in blokjes
- 1 aubergine

Benodigheden

- ovenschaal

Maak de aubergine schoon en snijd in de lengte in plakken van ongeveer ½ cm dik.

Verhit een grillpan en grill hierin de aubergineplakken tot ze zacht zijn. (Heb je geen grillpan dan kun je ook een koekenpan met anti-aanbaklaag gebruiken.)

Meng gehakt, ui, peterselie en köfte kruiden goed door elkaar.

Vorm worstjes van het gehaktmengsel van ongeveer 5 bij 3 cm.

Verdeel de tomaten over de bodem van een ovenschaal en meng met een beetje zout.

Rol in elke aubergineplak een worstje en leg in de tomatensaus.

Verwarm de airfryer op 180 °C.

Bak de schotel 12 minuten tot het gehakt gaar is.

Tip
Köfte kruiden kun je kopen in een Turkse winkel.

Tip
Zet het vlees vast de avond van te voren of dezelfde in de ochtend in de marinade. Zo ben je voor het avondeten veel sneller klaar!

Oosterse biefstuk met boontjes

Een makkelijk gerechtje voor een doordeweekse avond.

Hoeveelheid: 2 personen   **Totale tijd:** 75 min.

Ingrediënten

- 250 g biefstuk of biefstukpuntjes
- 250 g diepvries sperziebonen
- ½ el sesamzaad
- 1 of 2 lente-uitjes

Ingrediënten marinade

- 30 ml sojasaus
- 20 ml water
- ½ teentje knoflook, geperst
- ¼ el sesamolie
- ½ el bruine basterdsuiker
- ½ el maïzena
- ¼ el geraspte gemberwortel
- ¼ tl zout
- ¼ tl peper

Benodigheden

- ovenschaal

Laat de boontjes ontdooien in een vergiet.

Snijd de biefstuk in niet te kleine stukken en laat op kamertemperatuur komen.

Meng de ingrediënten voor de marinade in een kom en voeg het vlees hieraan toe. Dek af en laat minimaal 1 uur marineren.

Tot hier kun je het gerecht ook de avond tevoren al voorbereiden. Dan ben je de volgende dag snel klaar. Laat de boontjes dan wel in de koelkast ontdooien en zet ook het vlees (hoeft niet eerst op kamertemperatuur te komen) terug in de koelkast.

Heb je alles de avond tevoren voorbereid, laat dan groenten en vlees op kamertemperatuur komen.

Doe de boontjes in een ovenschaal in de airfryer. Giet de marinade bij de boontjes (nog niet het vlees).

Stel de temperatuur in op 200 °C.

Bak de boontjes 8 minuten en schep halverwege om.

Leg na 8 minuten de biefstukpuntjes er bovenop en bak alles nog 5 minuten. Keer het vlees halverwege zodat het mooi roostert.

Haal de schaal voorzichtig uit de airfryer en laat even rusten.

Snijd de lente-uitjes in schuine ringen.

Bestrooi voor het serveren met sesamzaad en lente-ui.

Zalmpakketjes met snijbonen

Gestoomde zalm en groenten smaken perfect samen in deze pakketjes.

Hoeveelheid: 2 personen **Totale tijd:** 30 min.

Ingrediënten

- 2 zalmfilets van ca. 150 gram
- 200 g snijbonen
- 2 tros tomaten of 6 cherrytomaatjes
- 2 plakjes citroen
- 2 takjes dille
- olijfolie
- peper en zout
- scheutje witte wijn, citroensap of bouillon

Benodigheden

- aluminiumfolie

Haal de zalm een half uur van te voren uit de koelkast en laat op kamertemperatuur komen.

Maak de snijbonen schoon en snijd ze in de lengte in dunne linten.

Stoof de snijbonen ca. 5 minuten in een koekenpan met een klein scheutje olie en een kopje water. Laat uitlekken in een vergiet.

Maak dan de pakketjes:
Vouw een vel aluminiumfolie (van ongeveer 50 cm lengte) dubbel.

Leg hierop een bedje van de snijbonen. Bestrooi met peper en zout.

Leg de zalmmoten er op en bestrooi ook deze met peper en zout.

Snijd de tomaten in dikke plakken of halveer de cherrytomaatjes en verdeel over de zalm.

Leg op elke vis een plakje citroen en een takje dille.

Besprenkel met olie en een scheutje (ongeveer 1 eetlepel) witte wijn. Heb je geen witte wijn dan kun je er ook citroensap of bouillon bij doen.

Vouw beide pakketjes dicht. Begin langs de lange kant van de zalm en sla de rand 2 of 3 keer om zodat het goed sluit. Vouw nu ook de zijkanten op dezelfde manier dicht. Er mag geen opening zijn waardoor de stoom kan ontsnappen.

Verwarm de airfryer op 180 °C.

Leg de pakketjes in het mandje en bak gedurende ongeveer 6 minuten. Laat even rusten en scheur dan voorzichtig de folie open. Denk eraan dat de stoom die vrijkomt heel heet is. Is de zalm nog niet helemaal gaar, vouw de folie dan weer dicht en leg nog even terug in het mandje.

Variatietip

Je kunt in plaats van snijbonen ook courgettelinten gebruiken. Deze hoef je niet voor te koken. Of denk eens aan groene asperges, ook dat is heel erg lekker. Halveer de asperges in de lengte en stoof ze eventjes zodat ze niet meer zo hard zijn.

Kip tandoori

Deze kruidige kip combineert perfect met rijst en frisse groene groenten.

Hoeveelheid: 2 personen   **Totale tijd:** 30 min.

Ingrediënten

- 2 kippenpoten (met vel)
- zout
- ½-1 el rode chili pasta
- 1 tl garam massala
- 1 tl koriander
- 1 el limoensap
- 1 el yoghurt
- 1 el zonnebloemolie

Laat de kippenpoten op kamertemperatuur komen.

Snijd met een scherp mes vaak in, tot op het bot.

Meng alle ingrediënten behalve de olie tot een pasta en masseer dit goed in de poten.

Verwarm de airfryer op 200 °C.

Zet de poten zoveel mogelijk rechtop in het mandje van de airfryer en bak gedurende 10 minuten. Gebruik eventueel een spatdeksel.

Haal ze er uit, gebruik een bakkwastje om de poten in te vetten met olie. Zet weer terug in het mandje en laat nog 5 minuten bakken.

Gaat het te hard, verlaag de temperatuur dan naar 180 °C.

Controleer de garing van het vlees. Als je er in prikt met een mes moet er helder vocht uit komen. Is het vocht nog troebel, laat het vlees dan nog iets langer bakken.

> *Tip*
> Als alternatief kun je ook drumsticks (met vel) gebruiken.

Variatietip

Vervang de salie door ½ eetlepel verse (groene of rode) pesto. Bestrijk hiermee het vlees voordat je het oprolt. Vervang eventueel het vlees door kip. Let er dan wel op dat de kip goed gaar is.

Saltimbocca met mozzarella

Een gerechtje wat iedereen verrast, eenmaal geproefd wil je het elke week!

Hoeveelheid: 2 personen   **Totale tijd:** 30 min.

Ingrediënten

- 2 kleine schnitzels (van ca. 100 gram)
- 4 plakjes prosciutto
- 6 blaadjes salie
- 2 zongedroogde tomaatjes in olie
- 2 plakjes mozzarella
- zout en peper
- roomboter

Benodigheden

- 2 prikkers
- vleeshamer/deegroller
- plastic folie

Haal het vlees ongeveer een half uur van te voren uit de koelkast.

Leg een vel plasticfolie op een snijplank, daarop een schnitzel en dek af met een vel plasticfolie. Nu kun je het vlees dunner slaan met behulp van de vleeshamer/deegroller tot ongeveer ½ cm dikte. Leg apart en doe hetzelfde met de tweede.

Bestrooi het vlees met zout (houdt er rekening mee dat de ham ook al zout is) en peper.

Snijd de zongedroogde tomaten in reepjes en de mozzarella in stukjes en verdeel dit over het vlees.

Leg 2 plakjes ham op een schoon bord. Rol een schnitzel stevig op en zorg daarbij dat de vulling in het midden ligt.

Leg het vlees dan op de ham en rol dit er omheen. Leg er 2 salieblaadjes op en steek het rolletje vast met een prikker. Zorg dat je er ook meteen de salie mee vast prikt. Maak zo ook het tweede rolletje.

Vet een ovenschaal in met een klontje boter of olijfolie. Leg de saltimbocca in de ovenschaal, verdeel er enkele klontjes boter over en leg de overige salieblaadjes in de schaal erbij.

Verwarm de airfryer op 200 °C.

Zet de ovenschaal in het mandje en bak het vlees gaar en bruin in ca. 15 minuten.

Saté van kip

Pak uit door het te serveren met rijst, kroepoek, knapperige uitjes en rauwkost.

Hoeveelheid: 2 personen   **Totale tijd:** 30 min.

Ingrediënten

- 200-250 g kipdijfilets
- 2½ el ketjap manis
- ½ el zonnebloemolie
- ½ el sambal manis
- 1 teen knoflook
- ½ rode ui
- ½ tl galanga (laos)
- ½ tl gemalen koriander (ketoembar)
- ½ tl gemberpoeder (djahé)

Ingrediënten satésaus

- 1 rode peper
- 1 cm geschilde verse gember
- 3 tenen knoflook
- 125 g pindakaas
- 4 el ketjap
- 200 ml kokosmelk
- 200 ml heet water

Benodigheden

- ovenschaaltje of saté prikkers

De avond of ochtend van te voren:
Snijd het vlees in niet te kleine blokjes.
Snijd knoflook en ui heel fijn en meng met de overige ingrediënten voor de marinade in een afsluitbaar (bijv. Ziplock) zakje.

Voeg het vlees toe, sluit het zakje en masseer de marinade goed in het vlees. Laat in de koelkast ca. 4 uur (of langer) marineren.

Laat het vlees op kamertemperatuur komen.
Verwarm de airfryer op 180 °C.

Verdeel het vlees met de marinade in een ovenschaal en rooster de saté in ca. 5-10 minuten op 180 °C.
Je kunt eventueel ook satéstokjes op maat knippen, enkele uren laten weken in water, en dan de kip hier aan rijgen. Bak dan zonder de marinade in het mandje gedurende 5-10 minuten. De marinade wordt verder niet meer gebruikt.

Maak de satésaus:

Halveer de peper en verwijder de zaadlijsten en pitjes. Snijd peper, gember en knoflook in grove stukken en doe in de keukenmachine, samen met de pindakaas. Maal tot een fijne pasta.

Verwarm de kokosmelk, voeg er de pasta aan toe en breng al roerend tegen de kook aan. Voeg het hete water en de ketjap toe en laat nog 2 minuten zachtjes koken.

Laat je de saus te hard koken, dan kan hij schiften. Voeg dan een scheutje volle melk toe en roer tot de saus weer bindt. Dan niet meer laten koken!

Mac 'n cheese

De combinatie van room en kaas maakt hier een echt comfortfood gerecht van.

Hoeveelheid: 2 personen   **Totale tijd:** 30 min.

Ingrediënten

- 250 g gekookte pasta (bijvoorbeeld penne, buccatini, macaroni)
- 30 g ongezouten boter
- 1 teentje knoflook
- 100 g geraspte jong-belegen kaas
- 75 ml room
- 50 g geraspte Parmezaanse kaas
- 5 blaadjes verse salie

Benodigheden

- ovenschaal

Heb je geen gekookte pasta, kook dan 100 gram pasta van je keuze al dente volgens de aanwijzingen op de verpakking.

Smelt de boter in een pannetje, pers de knoflook erboven en laat met de salie enkele minuten zachtjes smoren.

Voeg de room toe en 50 g van de jong-belegen kaas.
Laat de kaas smelten, voeg dan de helft van de Parmezaanse kaas toe en laat deze ook smelten.

Breng de kaassaus op smaak met zout en peper.

Dan kan de pasta erbij, laat goed doorwarmen en schep om zodat alle pasta bedekt is met de kaassaus.

Verdeel de pasta in een ovenschaal en strooi de resterende kaas erover.

Verwarm de airfryer op de hoogste temperatuur en bak de mac 'n cheese tot de kaas goudbruin is en de saus borrelt en pruttelt.

Serveertip
Lekker met een goed gevulde groene salade.

Variatietip
Vervang de jong-belegen kaas bijvoorbeeld door een blauwschimmelkaas zoals Gorgonzola. Neem dan wel de romige milde variant, die smelt goed.

Tortillataart

Een heerlijke taart die je niet kunt laten staan!

Hoeveelheid: 2 personen   **Totale tijd:** 60 min.

Ingrediënten taart

- 6 kleine tortilla's (passend in een springvorm van 18 cm)
- 1 tomaat, in plakken
- 1 bol (buffel)mozzarella
- een handvol geraspte Parmezaanse kaas

Ingrediënten vulling

- 200 g rundergehakt
- 1 ui
- ½ courgette
- 1 rode paprika
- 1 teentje knoflook
- ½ el tomatenpuree
- 1 potje Mexicaanse tomatensaus voor wraps
- 1 tl oregano
- 1 el olijfolie + een beetje extra
- zout en peper
- eventueel maïzena om te binden

Benodigheden

- springvorm van 18 cm
- bakpapier

Snipper de ui, snijd courgette en rode paprika in blokjes, pers het teentje knoflook.

Bak het gehakt rul in een scheutje olijfolie tot het begint te kleuren.

Voeg knoflook en ui toe en laat even meebakken. Dan de paprika en courgette er bij en ongeveer 5 minuten laten bakken.
Voeg de tomatenpuree toe en laat deze ook even meebakken om te ontzuren.
Tenslotte nog de Mexicaanse tomatensaus en de kruiden er bij en alles ca. 5-10 minuten laten smoren. De groente mag niet te gaar worden!

Proef op smaak en voeg, als dat nodig is, nog zout en peper toe. Is de saus te waterig, bind deze dan met wat maïzena. Los de maïzena op in een beetje lauwwarm water en voeg al omscheppend toe.

Vet voor het opbouwen van de taart de springvorm licht in met een beetje olie en bekleed de bodem met bakpapier.

Leg een tortilla in de vorm, schep hierop wat van de saus, dan weer een tortilla en ga zo door. Eindig met een tortilla.

Verdeel hierover dun gesneden plakjes tomaat (zonder de pitjes) en de mozzarella. Bestrooi met de geraspte kaas en nog wat oregano.

Verwarm de airfryer op 200 °C.

Zet de springvorm in het mandje en bak de taart in ca. 15-20 minuten gaar.

Laat de taart 5 minuten rusten. Haal dan voorzichtig de ring los en snijd in punten.

Tip
Zijn de tortilla's net te groot? Knip ze dan op maat met een schone schaar.

Pie met kip en champignons

Een heerlijk en goed vullend gerecht. Lekker met een salade er naast.

Hoeveelheid: 2 personen   **Totale tijd:** 45 min.

Ingrediënten

- 2 kipdijfilets
- 150 g kastanjechampignons
- 1 klein teentje knoflook
- 4 takjes tijm
- 1 cm citroenschil zonder het wit van de schil
- ½ kleine ui
- scheutje kippenbouillon (mag van een blokje)
- ½ el witte wijn
- ½ el olijfolie
- ½ el roomboter
- ¼ el bloem
- peper en zout
- 5 plakjes deeg voor hartige taart

Benodigheden

- ovenschaal
- steunvulling (gedroogde bonen of keramische knikkers)

Laat het deeg ontdooien.
Snijd de kip in niet te kleine stukjes, de champignons in plakjes, snipper de ui en hak de knoflook fijn. Ris de tijmblaadjes van de takjes.

Verhit de olie en boter in een braadpan tot de boter begint te bruisen. Strooi zout en peper op het vlees en bak in de hete boter rondom bruin, schep uit het vet en zet apart. Bak de knoflook en ui in de resterende boter zachtjes aan, de ui mag iets bruinen.

Voeg de champignons toe, de kruiden en de citroenschil en bak 5 min. Strooi de bloem erover, meng goed en laat even meebakken. Voeg dan de witte wijn en bouillon toe. Laat al roerend aan de kook komen zodat een gebonden saus ontstaat. Proef op smaak en voeg eventueel nog een beetje peper en zout toe.
Draai het vuur weer laag en voeg de kip toe. Sluit de pan en laat ca. 5 minuten staan terwijl je aan het deeg begint.

Strooi bloem op je werkblad, rol voor de bodem 3 plakjes deeg uit tot ongeveer 1/2 cm dikte. Voor het deksel rol je de andere plakjes uit. Leg dit tot gebruik op een velletje bakpapier in de koelkast.

Vet de ovenschaal in met boter. Wil je de pie zonder vorm serveren, dan kun je er ook een velletje bakpapier in leggen.
Bekleed de vorm met het deeg, leg er nog een velletje bakpapier op met daarop de steunvulling.

Verwarm de airfryer op 150 °C.
Bak de bodem ongeveer 5-10 minuten. Haal uit de airfryer, laat even een beetje afkoelen en verwijder dan de steunvulling en het bakpapier.

Schep nu de vulling in de ovenschaal. Dek de ovenschaal losjes af met het deeg en plak de randen vast. Maak langs de rand een motiefje met een vork en snijd dan de randen bij.
Van het deeg dat je over houdt kun je eventueel stukjes uitsteken (rondjes, blaadjes, figuurtjes) met een deegsteker. Steek in ieder geval een rondje uit in het midden van je pie, zodat stoom kan ontsnappen. Kwast de bovenkant van het deeg in met losgeklopt ei of melk. Plak er je versierselen op en kwast die ook in.

Verwarm je airfryer op 150 °C.
Bak de pie in 20-25 minuten tot het deeg goudbruin en gaar is.

Bij de borrel

Gemarineerde champignons	81
Zoete aardappelfriet	83
Loempia's met groentevulling	84
Gamba's in een filodeeg jasje	86
Fetakaas rolletjes	89
Foccacia	90
Borrelbrood	93
Empanada's	95
Tarte tatin met sjalotten	96

Variatietip
Vervang de rozemarijn door tijm. Ook lekker om mee te bakken: een fijn gesneden sjalotje. Of garneer vlak voor het serveren met een fijn gesneden lente-uitje en/of kiemen.

Gemarineerde champignons

Wachten duurt het langst, zeker bij dit gemakkelijke gerechtje.

Hoeveelheid: 2 personen   **Totale tijd:** 40 min.

Ingrediënten

- 250 g kastanjechampignons
- 3 el olijfolie
- 4 takjes verse rozemarijn
- 1 flinke teen knoflook
- 1 stukje citroenschil van 1 cm
- scheutje citroensap
- 10 roze piment korrels
- zout
- evt. enkele blaadjes gehakte peterselie voor de garnering

Benodigheden

- ovenschaal

Veeg de champignons schoon met een vochtig doekje.

Boen de citroen goed schoon onder stromend water en snijd een stukje van ongeveer 1 cm van de schil (zonder het wit). Snijd in flinterdunne reepjes.

Kneus de peperkorrels in een vijzel of met de bolle kant van een lepel.

Meng in een kommetje de olijfolie, afgeriste en fijngesneden rozemarijnnaaldjes, de peperkorrels, het citroensap en schil en pers de knoflook erboven. Breng op smaak met zout en peper.

Doe de champignons met de marinade in een ziplock-zakje (of iets anders dat je goed kunt afsluiten) en schud de zak zodat alle champignons bedekt zijn met de marinade.
Laat dit minimaal 30 minuten staan.

Verwarm de airfryer op 200 °C.

Verdeel de champignons in een ovenschaaltje en voeg eventueel nog wat klontjes boter toe.
Bak de champignons 7-10 minuten tot ze goudbruin en gaar zijn.

Lekker op toast bij de lunch of de borrel, maar ook heel geschikt als vleesvervanger bij het diner.

Tip
Roze piment korrels zijn redelijk goed verkrijgbaar in de grotere supermarkt of kookwinkel. Je kunt ze ook weglaten, voeg dan een beetje peper toe aan de champignons.

Zoete aardappelfriet

De zoete aardappel is eigenlijk een knol en is overheerlijk in deze variatie!

Hoeveelheid: 2 personen **Totale tijd:** 60 min.

Ingrediënten bodem

- 400-500 g zoete aardappel
- 2 tl zout
- 1 el olijfolie

Was de zoete aardappel goed, schillen hoeft niet.

Snijd in frieten van ongeveer 1 cm dikte. Laat de frieten in een kom met warm water en zout ongeveer 15-30 minuten weken.

Giet af in een vergiet en dep goed droog met een schone theedoek.

Droog de kom af en doe de frieten terug. Giet de olie erover en schep dit goed om.

Verwarm de airfryer op 180 °C.

Bak de frieten in twee porties, zeker als je ze knapperig wilt hebben.

Bak de frietjes ca. 15-20 minuten en schud ze enkele keren om.

Zet de laatste 2-5 minuten de temperatuur nog naar 200 °C zodat de frieten goed bruin bakken.

Tip
Bestrooi de frieten met kruiden voor een extra smaakje, zoals: paprikapoeder, baharat of knoflookpoeder.

Loempia's met groentevulling

Een loempia met groentevulling is een snack waar je ons altijd blij mee maakt!

Hoeveelheid: 10 stuks   **Totale tijd:** 60 min.

Ingrediënten

- 10 vellen filodeeg
- 1 ei
- 1 tl maïzena
- zonnebloemolie om te bestrijken

Ingrediënten vulling

- 2 lente-uitjes
- 2 dikke bospenen of 1 winterwortel
- 1 dikke prei
- 250 g taugé
- ½ uitje
- ½ bouillonblok of peper en zout
- 1 el zonnebloemolie

Ingrediënten dipsaus

- 1 cm gember
- 1 el sojasaus
- 1 el oestersaus
- sap van ½ limoen
- chili of rode peper naar smaak

Benodigheden

- bakkwastje
- bakblik
- bakpapier

Maak eerst de dipsaus.
Rasp de gember, halveer de rode peper en verwijder eventueel de pitjes. Meng gember en peper met de overige ingrediënten.

Laat het filodeeg ontdooien (zie de gebruiksaanwijzing op de verpakking), ze breken snel. Dek af met plasticfolie of een vochtige theedoek tegen het uitdrogen.

Maak de groenten schoon en snijd ze julienne: bospeen eerst in dunne plakken en deze in reepjes; halveer de prei in de lengte en dan in dunne ringetjes; de ui fijn gesnipperd.
Verwarm een koekenpan of wok op hoog vuur met een scheutje olie. Smoor hierin de ui en voeg als deze zacht begint te worden wortel, prei en paprika toe. Bak onder voortdurend omscheppen en verkruimel na een minuutje de bouillonblok erboven. Bak nog enkele minuten tot de wortel net een beetje zacht begint te worden. Laat dan afkoelen.
Snijd de lente-ui in ringetjes, maak de taugé schoon als dat nodig is. Meng met de groenten als deze bijna afgekoeld zijn.

Klop het ei met de maïzena los in een kommetje.

Leg een vel filodeeg op je werkblad. Schep er een eetlepel van de vulling op.
Vouw nu de korte kant zo strak mogelijk over de vulling. Vouw dan de lange zijkanten naar binnen. Rol dan de loempia strak op. Trek alleen niet te hard aan het deeg, anders scheurt het. Kwast het korte uiteinde in met het eimengsel, dit zorgt ervoor dat het deeg goed aan elkaar plakt. Eventuele scheurtjes in het deeg kun je trouwens ook goed plakken met wat van het eimengsel.

Leg de loempia's totdat je ze gaat bakken op een vel bakpapier, zodat ze niet aan elkaar plakken.

Verwarm de airfryer op 200 °C.
Kwast de loempia's kort voor het bakken in met zonnebloemolie, hierdoor bakken ze lekker krokant. Bak ze met drie of vier tegelijk in het mandje. Leg ze liever niet op of tegen elkaar aan, anders bakken ze misschien aan elkaar vast.
Bak de loempia's in 10-15 minuten krokant. Keer ze na 5 en na 10 minuten.
De baktijd is afhankelijk van de grootte van je loempia's. Haal ze met een tang uit het mandje.

Serveer met de dipsaus.

Gamba's in een filodeeg jasje

Een heerlijke snack voor bij de borrel.

Hoeveelheid: 2 personen   **Totale tijd:** 15 min.

Ingrediënten bodem

- *12 gamba's, ontdooid*
- *peper en zout*
- *citroen*
- *3 vellen filodeeg*

Laat de gamba's in de koelkast ontdooien.

Laat het filodeeg goed ontdooien (zie de gebruiksaanwijzing op de verpakking) voordat je ze gebruikt, ze breken snel. Leg er een stukje plasticfolie over of een vochtige theedoek tegen het uitdrogen.

Maak de gamba's schoon, verwijder het darmkanaal en dep ze droog met een stukje keukenpapier. Laat alleen het uiteinde van het staartje er aan zitten. Bestrooi de gamba's met een beetje peper en zout en een drupje citroensap.

Snijd een vel filodeeg in vieren en wikkel in elk velletje één gamba. Plak het uiteinde dicht met een beetje gesmolten boter of wat zonnebloemolie.

Bewaar tot het bakken in de koelkast.

Verwarm de airfryer op 200 °C.

Kwast het deeg in met een beetje zonnebloemolie en bak gedurende 4 minuten. Leg niet te veel gamba's in het mandje. Zorg dat ze vrij liggen, op die manier bakken ze ook knapperig. Halverwege eventueel even draaien.

Lekker met Vietnamese loempiasaus.

Fetakaas rolletjes

Heerlijke smaken in 1 rolletje.

Hoeveelheid: 10 stuks **Totale tijd:** 30 min.

Ingrediënten

- 5 vellen filodeeg
- 2 blokken fetakaas
- 4 takjes rozemarijn
- 10 plakjes ontbijtspek
- peper
- 1 el gesmolten boter
- 1 el zonnebloem olie

Ingrediënten dipsaus

- ½ el balsamico-azijn
- 1 el olijfolie
- ½ el honing
- peper en zout

Benodigheden

- bakkwastje
- bakpapier

Meng de ingrediënten voor de dressing en zet apart.

Laat het filodeeg goed ontdooien (zie de gebruiksaanwijzing op de verpakking) voordat je ze gebruikt, ze breken snel. Leg er een stukje plasticfolie over of een vochtige theedoek tegen het uitdrogen.

Snijd het ontbijtspek in reepjes en bak deze eventjes in de koekenpan tot het vet wegsmelt. Het spek hoeft niet knapperig te worden.
Ris de naaldjes van de rozemarijntakjes en hak deze fijn.
Snijd elk blok fetakaas in 5 repen.

Halveer de vellen filodeeg. Leg één vel op je werkblad en kwast het in met gesmolten boter. De boter zorgt ervoor dat het deeg goed aan elkaar plakt. Leg op een stukje van een korte kant 1/10 deel van het spek, hierop een reep feta, peper en wat fijngehakte rozemarijn.

Vouw de lange zijkanten naar binnen (over de smalle uiteinden van de feta) en smeer de rand ook weer in met de gesmolten boter.
Rol dan het filodeeg op. Begin aan de kant waar de feta ligt. Rol het deeg losjes op en plak het einde van de rol vast.

Maak zo alle 10 de rolletjes.

Verwarm de Airfryer op 200 °C.

Kwast de rolletjes kort voor het bakken in met zonnebloemolie, hierdoor bakken ze lekker krokant. Bak ze met vier of vijf tegelijk in het mandje. Leg ze liever niet op of tegen elkaar aan, anders bakken ze misschien aan elkaar vast.

Bak de rolletjes in ca. 5-10 minuten krokant. Keer ze halverwege zodat ze aan beide zijden mooi bruin bakken.

Serveer met de dipsaus.

Foccacia

Ook dit lekkere brood bakken we gewoon in de airfryer.

Hoeveelheid: 2 stuks   **Totale tijd:** 160 min.

Ingrediënten

- 20 ml olijfolie + 50 ml extra voor tijdens het kneden
- 250 g patentbloem
- 180 ml koud water
- 5 g zout
- 5 g gedroogd gist

Ingrediënten vulling

- gedroogde oregano of andere gedroogde kruiden
- zoutflakes

Doe het meel in een grote beslagkom, voeg aan de linkerkant het zout en aan de rechterkant het gist toe. Zout remt de werking van gist, daarom houd je het apart van elkaar totdat je begint met kneden. Giet er 120 ml van het koude water bij en 20 ml olijfolie. Meng met de handen of met de deeghaken van een mixer en voeg als het te droog blijft beetje bij beetje de rest van het water bij. Meng tot je een plakkerig, grof deegmengsel hebt.
Vet je werkblad in met olie en stort het deeg erop. Vet ook je handen in. Kneed in 5 tot 10 minuten tot een soepel en zacht deeg. Het zal in het begin erg plakken, maar dat hoort zo en wordt vanzelf minder. Voeg in ieder geval géén extra meel toe, dan wordt de foccacia straks te droog.

Is het deeg voldoende gekneed, vet dan de beslagkom in met wat van de resterende olie. Maak van het deeg een bolletje en leg dit in de kom. Keer het zodat het rondom bedekt is met een laagje olie. Dek de kom af met een theedoek en laat het deeg ongeveer 1 uur rijzen of tot het in omvang verdubbeld is.

Voor het bakken leg je het brood normaal gesproken op een bakblik. Heb je iets wat hiervoor dienst kan doen, dan is dat handig. Zo niet, gebruik dan een groot vel aluminiumfolie dat je dubbel of driedubbel vouwt. Leg hier een velletje bakpapier op en druppel er iets van de olijfolie over.

Vet je werkblad weer in met olijfolie. Haal het deeg voorzichtig uit de kom en leg op het werkblad. Verdeel het in twee delen. Druk voorzichtig de lucht er uit en vorm het deeg tot ongeveer 2 cm kleiner dan de maat van het mandje van je airfryer. Dek af met een stuk plastic en laat weer 1 uur rijzen. Het deeg is goed gerezen als het veerkrachtig is: je drukt voorzichtig met je vinger in het deeg en dit veert meteen weer terug.

Verwarm de airfryer op 200 °C.

Druk met je vingers diepe putjes in het deeg (tot op de bodem). Sprenkel er een beetje olijfolie over en bestrooi met de kruiden en wat zoutvlokken. Leg het deeg met het bakpapier in het mandje en verlaag de temperatuur naar 190 °C.
Bak het brood in 15 minuten gaar. Haal 5 minuten voor het einde van de baktijd de folie en het bakpapier weg.
De baktijd is ook afhankelijk van het type airfryer, controleer dit na 10 minuten. Gaat het te hard en wordt het deeg te donker, verlaag dan de temperatuur met 10 °C.

Je kunt controleren of het brood gaar is door op de onderkant te kloppen. Het klinkt dan hol. Druppel nog een beetje olijfolie over het brood en laat afkoelen op een rooster.

Bak het tweede brood op dezelfde manier.

Tip
Ben niet bang en combineer jouw favoriete smaken in dit brood! Denk ook eens aan salami, jonge kaas of pepertjes.

Borrelbrood

Lekker en snel. Perfect bij de borrel of als bijgerecht.

Hoeveelheid: 1 stuk   **Totale tijd:** 10 min.

Ingrediënten

- 1 klein rond broodje
- 1½ bol mozzarella in plakjes
- 4 el rode pesto

Leg het broodje op een plank en snijd dit in zodat er een raster ontstaat.
Zorg dat je het brood niet helemaal doorsnijd; blijf ongeveer een halve centimeter van de bodem af.

Trek het brood iets open en bestrijk de binnenkant met de rode pesto.
Steek de plakken mozzarella in de insnijdingen.

Verwarm de airfryer op 170 °C.

Leg het broodje in het mandje van de airfryer en bak 8 minuten of tot de mozzarella gesmolten is.

Empanada's

Heerlijke gevulde hartige broodjes.

Hoeveelheid: 5-6 stuks   **Totale tijd:** 30 min.

Ingrediënten

- 1 rode ui
- 1 rode paprika
- 1 klein blikje zwarte bonen
- 1 klein blikje maïs
- 1 el Mexicaanse kruiden
- 1 pak koelvers pizzadeeg of diepvries deeg voor hartige taart

Snipper de rode ui en de paprika. Spoel de zwarte bonen onder de kraan en laat goed uitlekken. Laat ook de maïs uitlekken.

Verwarm in een koekenpan een scheut olijfolie, voeg ui, paprika en de Mexicaanse kruiden toe. Laat zachtjes bakken tot de ui zacht is.

Voeg dan de uitgelekte bonen en maïs toe, laat mee verwarmen en proef op smaak. Voeg eventueel nog een beetje peper en zout toe.

Laat het deeg eventueel ontdooien en steek er cirkels van 8-10 cm doorsnede uit met een uitsteker of met een glas.

Schep ½ tot 1 hele eetlepel vulling (afhankelijk van de grootte van het deeg) op één helft van het deegrondje.
Kwast de rand in met een beetje water. Vouw dubbel en druk de randen goed aan met een vork of de punt van een tafelmes.

Wij gebruikten speciale vormen voor deeg. Heb je die niet dan is het belangrijk de randen goed dicht te drukken, zodat de vulling er tijdens het bakken niet uit loopt.

Verwarm de airfryer op 200 °C.

Bak de empanada's (eventueel op een velletje bakpapier) in porties in ca. 10-15 minuten goudbruin en gaar.

Lekker met een tomatensaus.

Tarte tatin met sjalotten

Een smaakvole tarte tatin, weer eens wat anders dan de zoete versie!

Hoeveelheid: 2 personen   **Totale tijd:** 60 min.

Ingrediënten

- ca. 200 g sjalotten
- 5 el suiker
- 1 el balsamico azijn
- ½ el roomboter
- 4 takjes tijm
- zout
- 130 g of 2 plakjes bladerdeeg
- ½ tl rasp van een citroen
- bloem, voor het uitrollen van het deeg

Benodigheden

- quichevorm van 18 cm
- deegroller

Zet de quichevorm met hierin de boter, suiker en balsamico azijn in de airfryer. Verwarm naar 135 °C en laat de suiker in ca. 5 minuten smelten en borrelen.

Maak ondertussen de uien schoon en halveer ze. Haal de vorm uit de airfryer en leg de halve uien met de bolle kant naar beneden in de karamel. Steek de takjes tijm ertussen. Let op, want de karamel is heet!

Laat het bladerdeeg ontdooien, leg de plakjes op elkaar en vouw dubbel tot een klein vierkant.
Strooi een beetje bloem op je werkblad en over de deegroller. Rol het bladerdeeg uit tot een cirkel die iets groter is dan de vorm. Draai de deegplak tijdens het uitrollen steeds een kwart slag, gebruik indien nodig extra bloem.

Leg het bladerdeeg over de uien en stop het rondom zo goed mogelijk in. Prik een gat in het midden, zodat tijdens het bakken het vocht kan ontsnappen.

Zet de quichevorm weer terug in het mandje van de airfryer.
Stel nu de temperatuur in op 180 °C en de tijd op 20 minuten.

Controleer na 10 minuten of het niet te hard gaat. Wordt het deeg al te donker, verlaag de temperatuur dan eventueel naar 160 °C.

Laat de taart in de vorm 5 minuten afkoelen op een rooster. Leg dan een bord op de vorm en keer de tarte tatin voorzichtig.

Serveer de tarte tatin warm of lauwwarm.

Zoete baksels

Donuts	101
Gevulde appelkoeken	103
Bladerdeeg gebakjes	104
Peer in bladerdeeg	106
Appel crumble	109
Chocolade-croissantbrood	110
Broodpudding	113
Vruchtenslof met aardbeien	115
Brownie 2.0	116

Variatietip

Geglazuurde donuts: voeg aan de poedersuiker enkele druppels kleurstof toe of water. Roer goed tot je een gladde massa krijgt. Dompel de donut in het glazuur en leg dan op een rooster. Bestrooi eventueel met sprinkles.

Donuts

Dit recept is wellicht wat moeilijker, maar de uitkomst is overheerlijk!

Hoeveelheid: 18 stuks   **Totale tijd:** 120 min.

Ingrediënten donuts

- 250 ml volle melk
- 12 g boter, gesmolten
- 300 g patentbloem
- 7 g gedroogde gist
- 40 g witte basterdsuiker
- 1 mespunt kaneel

Extra voor kaneeldonuts

- 35 g gesmolten boter
- 45 g basterdsuiker
- 1 tl kaneel

Verwarm de melk (eventueel in de magnetron), zonder te koken. Roer de gesmolten boter erdoor en zet apart.

Zeef de bloem boven een grote kom. Meng er gist, suiker en kaneel door. Maak een kuiltje, giet de warme melk erin en meng tot een zacht deeg. Dit kan ook met deeghaken van een mixer of keukenmachine. Vet je werkblad en je handen in met een beetje zonnebloemolie, leg het deeg erop en kneed gedurende 10 minuten tot je een zacht en elastisch deeg hebt. In een keukenmachine duurt dit 5-7 minuten. Het deeg zal in het begin behoorlijk plakkerig zijn, maar heb geduld, dit komt vanzelf goed. Voeg geen extra bloem toe!

Vet een kom lichtjes in met olie, leg het deeg erin en dek af met plasticfolie. Laat het deeg op een tochtvrije plek 1 uur rusten of tot het in volume verdubbeld is.

Strooi wat bloem op je werkblad. Haal het deeg uit de kom, druk er met je handen de lucht uit en vorm een vierkant. Vouw de hoeken naar binnen en draai het deeg een kwart slag. Herhaal dit nog eens.
Rol dan het deeg uit tot een lap van 1 cm dikte. Steek er nu met een deegsteker 12 cirkels van ca. 6 cm uit. Steek uit elke cirkel met een deegsteker van ca. 3 cm in het midden nog een cirkel uit. Maak het gat niet te klein, anders zal dit tijdens het rijzen verdwijnen.
Leg de donuts (en de "donutholes") op een vel bakpapier. Houdt hierbij zeker 5 cm afstand. Dek af met een licht ingevet stuk plastic folie.
Laat ca. 30 minuten rusten of tot het deeg verdubbeld is in volume.

Verwarm de airfryer op 150 °C.
Bak telkens 3 of 4 donuts in ongeveer 5-10 minuten gaar. De baktijd is afhankelijk van de grootte en dikte van je donuts.
Maak je de donuts bijv. 1 cm dik, dan kun je er 16-18 maken. De donut holes bakken in kortere tijd gaar!

Kaneeldonuts:
Meng in een plastic zakje suiker en kaneel. Kwast de nog warme donuts in met de gesmolten boter en doe ze dan in het zakje met kaneelsuiker. Schudt dit een beetje tot de donut overdekt is met suiker.

Laat de donuts helemaal afkoelen en bewaar in een luchtdicht afgesloten bak in de koelkast of op een koele plek. Ze zijn het lekkerst als je ze meteen eet.

Gevulde appelkoeken

Heerlijk geurende koeken voor bij de koffie of thee.

Hoeveelheid: 8 stuks **Totale tijd:** 30 min.

Ingrediënten deeg

- 225 g speltmeel
- 150 g zachte ongezouten roomboter
- 60 g honing
- 1 el kaneel
- ½ ei, losgeklopt
- enkele druppels citroensap
- enkele druppels vanille extract
- snufje zout

Ingrediënten vulling

- 2 harde appels
- 1 el honing
- 1 tl kaneel
- scheutje water

Ingrediënten afwerking

- ½ ei, losgeklopt
- 1½ el amandelschaafsel

Benodigheden

- siliconen muffinvormpjes
- deegroller

Meng voor het deeg de roomboter en de honing met een handmixer (of keukenmachine) tot een romige massa.
Voeg speltmeel, kaneel, citroensap, vanille extract en een snufje zout toe en mix goed door elkaar.
Voeg vervolgens het ei toe en kneed met je handen tot een soepel deeg (is je deeg te plakkerig voeg dan extra speltmeel toe, begin met 1 eetlepel).
Verpak het deeg in folie en laat 30 minuten rusten in de koelkast.

Maak ondertussen de vulling:
Schil de appels, verwijder de klokhuizen en snijd in stukjes. Houd 1/3 van de appel achter, deze gebruik je later.

Doe de appelblokjes met een scheutje water, honing en kaneel in een pannetje en breng aan de kook. Laat zachtjes pruttelen tot de appel zacht is. Pureer tot appelmoes (met een pureestamper).
Haal de pan van het vuur en roer de achtergehouden appelblokjes door de appelmoes.

Bestuif je werkblad met bloem en rol het deeg uit tot een dunne plak. Steek met een deeguitsteker of een glas rondjes uit het deeg en druk in elk muffinvormpje een rondje deeg (zorg dat je nog deeg over houdt voor de dekseltjes!).

Vul de 8 vormpjes met de appel vulling.

Steek nu rondjes uit het deeg die precies passen op de koeken. Leg op elke koek een rondje deeg en druk rondom lichtjes aan.

Bestrijk de koeken met losgeklopt ei en garneer met het amandelschaafsel.

Verwarm de airfryer op 180 °C.

Bak de koeken eventueel in twee porties 11 minuten goudbruin en gaar.

Bladerdeeg gebakjes

Zet dit bladerdeeg feestje eens op tafel en laat iedereen zijn favoriet kiezen.

Hoeveelheid: 8 stuks **Totale tijd:** 30 min.

Ingrediënten

- bladerdeeg (diepvries, 8 plakjes; koelvers, 1 rol)
- suiker voor de garnering
- melk om de randen en het gebak mee te bestrijken

Voor 2 appelflappen

- 1 zoetzure appel, in stukjes
- kaneel
- evt. een beetje suiker of honing

Voor 2 perzikengebakjes

- 1 rijpe perzik, ontveld, ontpit en gehalveerd
- 2 el amandelmeel
- kneepje citroensap
- beetje citroenrasp
- ½ el witte basterdsuiker

Voor 4 kersengebakjes

- een handvol rijpe zoete kersen, ontpit en in vieren gesneden
- ½ el witte basterdsuiker

Laat het bladerdeeg eventueel ontdooien.

Maak het fruit schoon. Meng de stukjes appel met de kaneel en eventueel de suiker of honing.
Meng het amandelmeel met citroensap, rasp en basterdsuiker.
Meng de kersen met de witte basterdsuiker. De suiker "vangt" het sap uit de kersen op, waarbij dit een beetje indikt.

Voor de appelflappen:
Verdeel de appelblokjes over een helft van elk plakje bladerdeeg. Strijk de randen in met een beetje melk, vouw het deeg in een driehoek en druk de randen goed aan. Je kunt hiervoor een vork gebruiken, dat ziet er meteen leuk uit.

Voor de perzikgebakjes:
Je kunt de deegplakjes eventueel rond snijden (ik gebruik altijd een schaar als het deeg nog niet helemaal ontdooid is), maar je kunt ze ook vierkant laten. Leg in het midden van elk plakje een beetje vulling. Leg op de vulling een halve perzik met de bolle kant naar boven. Schep de rest van de vulling in het gat in het midden. Druk of vouw het deeg tot halverwege de perzik.

Voor de kersengebakjes:
Leg de plakjes deeg op elkaar en rol uit tot een lange lap deeg van dezelfde dikte als de oorspronkelijke plakjes. Steek met een steker of glas 8 cirkels uit. Verdeel de kersen over 4 deegplakjes. Prik of steek een motiefje in de overige deegplakjes, maar maak in ieder geval een gaatje in het midden zodat het vocht een beetje kan verdampen. Strijk langs de randen een beetje melk en leg op elk gebakje een dekseltje. Druk de randen goed aan met een vork.

Garnering: kwast de bovenkant van de gebakjes in met een beetje melk en bestrooi met wat suiker.

Verwarm de airfryer op 190 °C.
Bak de gebakjes in 10-15 minuten goudbruin en gaar. Het past waarschijnlijk niet allemaal in één keer in je airfryer. Zet de gebakjes die er niet in passen even in de koelkast.

Heeft je airfryer een mandje en geen vaste bodem dan kun je bijvoorbeeld vlaaivormpjes gebruiken om je gebakjes in af te bakken. Zeker de perzikengebakjes houden zo mooi vorm. Anders kun je ook een vel aluminiumfolie nemen en er een velletje bakpapier op leggen en dit gebruiken als ondergrond.

Peer in bladerdeeg

Een mooi gebakje.

Hoeveelheid: 2 personen   **Totale tijd:** 35 min.

Ingrediënten

- *2 kleine peren*
- *3-4 velletjes bladerdeeg*
- *3 el suiker*
- *1 citroen*
- *kaneel*
- *1 ei, losgeklopt*
- *evt. 2 muntblaadjes voor de garnering*

Benodigheden

- *appelboor*
- *gekarteld deegradertje*

Boen de citroen goed schoon onder stromend water en rasp de schil. Meng 1 el citroenrasp met de suiker en zet apart.

Laat het bladerdeeg langzaam ontdooien, bijv. in de koelkast. Halveer de velletjes bladerdeeg en leg ze op elkaar op een bebloemd werkblad of een siliconenmatje. Strooi ook wat bloem over het deeg. Rol het bladerdeeg uit tot een grote lange plak. Keer het deeg tijdens het uitrollen regelmatig zodat het niet aan het blad vastplakt. Gebruik evt. wat extra bloem.
Steek uit het 3e plakje bladerdeeg 2 cirkels, deze vormen de bodem.

Schil de peren, verwijder het klokhuis maar laat het steeltje zitten. Snijd de onderkant van de peer recht, zodat hij goed blijft staan. Steek de appelboor aan de onderkant tot halverwege de peer. Haal het klokhuis er voorzichtig uit, gebruik evt. een mesje. Vul elke peer met de citroensuiker en zet op een bladerdeeg rondje.
Bestrooi met kaneel en besprenkel evt. nog met een beetje citroensap.

Rol met het deegradertje 4 lange repen uit het bladerdeeg. Plak er twee aan elkaar met een beetje water.
Plak nu een reep met de korte kant aan het bodempje en wikkel de reep rondom de peer tot aan de steelaanzet. Plak het einde rondom de peer met een beetje water vast.

Zet of leg de peren in een bakvormpje of in een bakvorm bekleed met bakpapier. Zet een kwartiertje in de koelkast. Bladerdeeg bakt het mooist als het goed koud is.

Verwarm de airfryer op 200 °C.

Bak de peren in het midden van de oven in ca. 20 minuten gaar of tot het bladerdeeg goudgeel van kleur is.

Tip

Gebruik bij voorkeur peren die nog niet overrijp zijn en nog stevig aanvoelen. Controleer dit door de peer bij de steelaanzet te testen op stevigheid. Is hij daar zacht, dan is de peer al te rijp.

Variatietip
Je kunt de peren ook vullen met een beetje amandelspijs. Dit is kant-en-klaar te koop.

Appel crumble

Super makkelijk om te maken in de airfryer, lekker met een bolletje ijs.

Hoeveelheid: 3 stuks **Totale tijd:** 30 min.

Ingrediënten deeg

- 25 g bloem
- 20 g amandelmeel
- 20 g koude boter in kleine blokjes
- 10 g rietsuiker
- 1 el amandelschaafsel

Ingrediënten vulling

- 2 kleine zure appels
- 10 g (riet)suiker

Benodigheden

- 3 ovenvaste schaaltjes
- aluminiumfolie

Weeg alle ingrediënten voor het deeg (behalve het amandelschaafsel) af in een kom.
Wrijf het mengsel tussen je handen tot een korrelig deeg. Je kunt ook een foodprocessor gebruiken, maar let op dat je deeg niet te fijn wordt. Het is voldoende enkele keren kort de pulsknop aan te zetten. Meng dan het amandelschaafsel er door.

Schil de appels, verwijder het klokhuis en snijd in blokjes. Meng met de suiker.

Verwarm de airfryer voor op 180 °C.

Verdeel de appel over de schaaltjes en schep daarop het kruimeldeeg.

Knip 3 stukken aluminiumfolie. Zet een schaaltje op een stuk folie, vouw de punten van de folie naar boven en draai iets in elkaar.

Bak de crumble 10 minuten, vouw de aluminiumfolie open en bak nog 10 minuten goudbruin.

Tip
Crumble kun je met bijna elke fruitsoort maken.
Denk hierbij aan rabarber, peren, pruimen, kersen enz.

Chocolade-croissantbrood

Deze broodjes zijn heerlijk bij een uitgebreid zondags ontbijt.

Hoeveelheid: 2 stuks   **Totale tijd:** 25 min.

Ingrediënten

- 1 blik vers croissantdeeg voor reuzecroissants
- hazelnootpasta (bijvoorbeeld Nutella)
- 1 handje hazelnoten

Benodigheden

- bakpapier

Rol het croissantdeeg uit en besmeer met een laagje hazelnootpasta.
Hak de hazelnoten en strooi ze er over.

Rol het deeg nu op, beginnend bij de lange kant en snijd dan in tweeën. Wil je kleine broodjes, snijd het dan in vieren.

Snijd de eerste deegrol met een scherp mes in de lengte half in.

Klap het een beetje open en draai in een rondje in elkaar. Verstop de uiteinden aan de onderkant.

Leg het deeg op een velletje bakpapier dat je in de maat knipt van je airfryer.

Verwarm de airfryer op 180 °C.

Leg het brood in het mandje en bak gedurende 15-20 minuten goudbruin en gaar.

Bak het tweede broodje op dezelfde manier.

Laat op een rooster afkoelen.

Tip

Heb je oud witbrood? Ook daarmee kun je goed een broodpudding maken. Smeer de sneetjes brood in met een beetje roomboter voordat je ze verwerkt. Geen vers fruit in huis: probeer dan eens kaneel als extra smaakmaker.

Broodpudding

Een lekker recept om te maken met een overgebleven croissantje.

Hoeveelheid: 2 personen   **Totale tijd:** 15 min.

Ingrediënten

- 1 oudbakken croissant
- 1 ei
- 80 ml melk
- 2 el fijne tafelsuiker
- 80 g vers fruit
- poedersuiker

Benodigheden

- ovenschaal

Snijd of scheur de croissant in stukken en verdeel over een passend ovenschaaltje.

Klop het ei met de melk en suiker los. Giet het mengsel over het brood. Schep een beetje om en laat de melk in 5 minuten een beetje intrekken.

Maak het fruit schoon en verdeel over het brood.

Verwarm de airfryer op 180 °C.

Zet de ovenschaal in het mandje en bak gedurende 8-10 minuten tot het eimengsel gestold is en het brood bovenop goudbruin en knapperig gebakken is.
Gaat het te hard, verlaag dan de temperatuur naar 170 °C.

Laat even een beetje afkoelen. Strooi er poedersuiker over.

Lekker voor erbij: lemon curd of een bolletje vanille-ijs.

Vruchtenslof met aardbeien

Maak indruk met deze mooie taart!

Hoeveelheid: 6-8 personen   **Totale tijd:** 1 uur en 45 min.

Ingrediënten deeg

- 250 g bloem
- 2 tl bakpoeder
- 170 g zachte ongezouten roomboter
- 170 g witte basterdsuiker
- 1 eidooier
- ½ citroen, rasp
- ¼ tl zout

Ingrediënten topping

- 250 ml slagroom
- 30 g suiker
- 250 g mascarpone
- ca. 250 g aardbeien of ander seizoensfruit

Benodigheden

- springvorm van 18 cm
- deegroller

Zeef de bloem met het bakpoeder boven een mengkom. Voeg de overige ingrediënten voor het deeg toe en meng tot een soepel, samenhangend deeg.

Verpak het deeg in plasticfolie en laat het 1 uur rusten in de koelkast.

Strooi bloem op werkblad en deegroller en rol het deeg uit tot een dikte van ongeveer 8 mm.

Leg de bodem van de springvorm op het deeg en snijd de deegplak uit. Verwijder het overtollige deeg, verpak dit weer in de plasticfolie en leg het terug in de koelkast.

Vet de springvorm in, bekleed de bodem eventueel met een velletje bakpapier en leg de deegplak er op.

Verwarm de airfryer op 180 °C.

Zet de bakvorm in het mandje en bak de slof in ongeveer 20-25 minuten goudbruin en gaar.
Verwijder de bakvorm direct na het bakken en laat de slof afkoelen op een rooster.

Bak nu de tweede slof op dezelfde manier.

Klop de slagroom stijf met de suiker. Roer de mascarpone goed los en meng voorzichtig met de slagroom.
Smeer op de eerste bodem een laag van het slagroommengsel.
Maak de aardbeien schoon, halveer de helft en verdeel over de slagroom.
Leg de tweede bodem erop, verdeel de resterende slagroom erover en garneer met het resterende fruit.. Garneer met poedersuiker en enkele muntblaadjes.

Tip
Je kunt van dit deeg ook goed gebakjes bakken. Gebruik dan bakringen voor de vorm of een vlaaivormpje van ca. 8 cm doorsnede.

Brownie 2.0

Til de standaard brownie naar een hoger niveau!

Hoeveelheid: 6-8 personen **Totale tijd:** 50 min.

Ingrediënten bodem

- *154 g oreo koekjes (1 rol)*
- *60 g roomboter*

Ingrediënten brownie

- *75 g ongezouten roomboter*
- *75 g pure chocolade*
- *50 g bruine basterdsuiker*
- *50 g suiker*
- *snufje zout*
- *75 g zelfrijzend bakmeel*
- *2 eieren*
- *klein handje hazelnoten*

Ingrediënten glazuur

- *80 g pure chocolade*
- *40 g witte chocolade*

Benodigheden

- *springvorm van 18 cm*
- *handmixer*
- *bakpapier*

Vet de bodem van de springvorm in met boter en beleg met bakpapier. Vet dan het bakpapier en de rand van de springvorm in.

Smelt voor de bodem de roomboter in een pannetje.
Verkruimel de oreokoekjes. Stop ze in een afsluitbare zak en mep er dan op met een deegroller of een pan. Doe over in een kom en voeg de gesmolten boter toe. Meng goed en verdeel het mengsel over de bodem van de springvorm. Druk stevig aan met de bolle kant van een lepel.

Smelt voor de brownie de roomboter en chocolade in een pannetje. Haal de pan van het vuur zodra alles gesmolten is.
Roer de suikers en een snufje zout er door. Zeef het bakmeel en meng door het beslag.

Meng het eerste ei door het beslag en voeg het tweede ei pas toe als het eerste volledig opgenomen is. Als laatste roer je de hazelnoten er door.
Giet het beslag over de bodem.

Verwarm de airfryer op 180 °C.

Bak de brownie in 20 minuten gaar. Controleer of de brownie gaar is: steek er een prikker in, komt die er schoon uit dan is hij gaar, zo niet laat de brownie dan iets langer bakken.
Haal uit de airfryer en laat in de vorm helemaal afkoelen.

Voor het glazuur:
Smelt beide chocolades apart au-bain-marie. Breng in een pannetje een laagje water aan de kook. Zet hierop een vuurvast schaaltje (het mag het water niet raken). Hak de chocolade dan in kleine stukjes. Doe de helft in het schaaltje en laat oplossen. Draai het vuur uit, voeg de andere helft toe en los al roerend op.

Giet eerst de pure chocolade over de brownie en strijk de bovenkant glad met een paletmes.
Pak een lepeltje en laat druppels witte chocolade vallen in de pure chocolade. Gebruik een prikker om er een patroontje in te maken.